富有柿 発祥の地 瑞穂市

福嶌才治さんありがとう

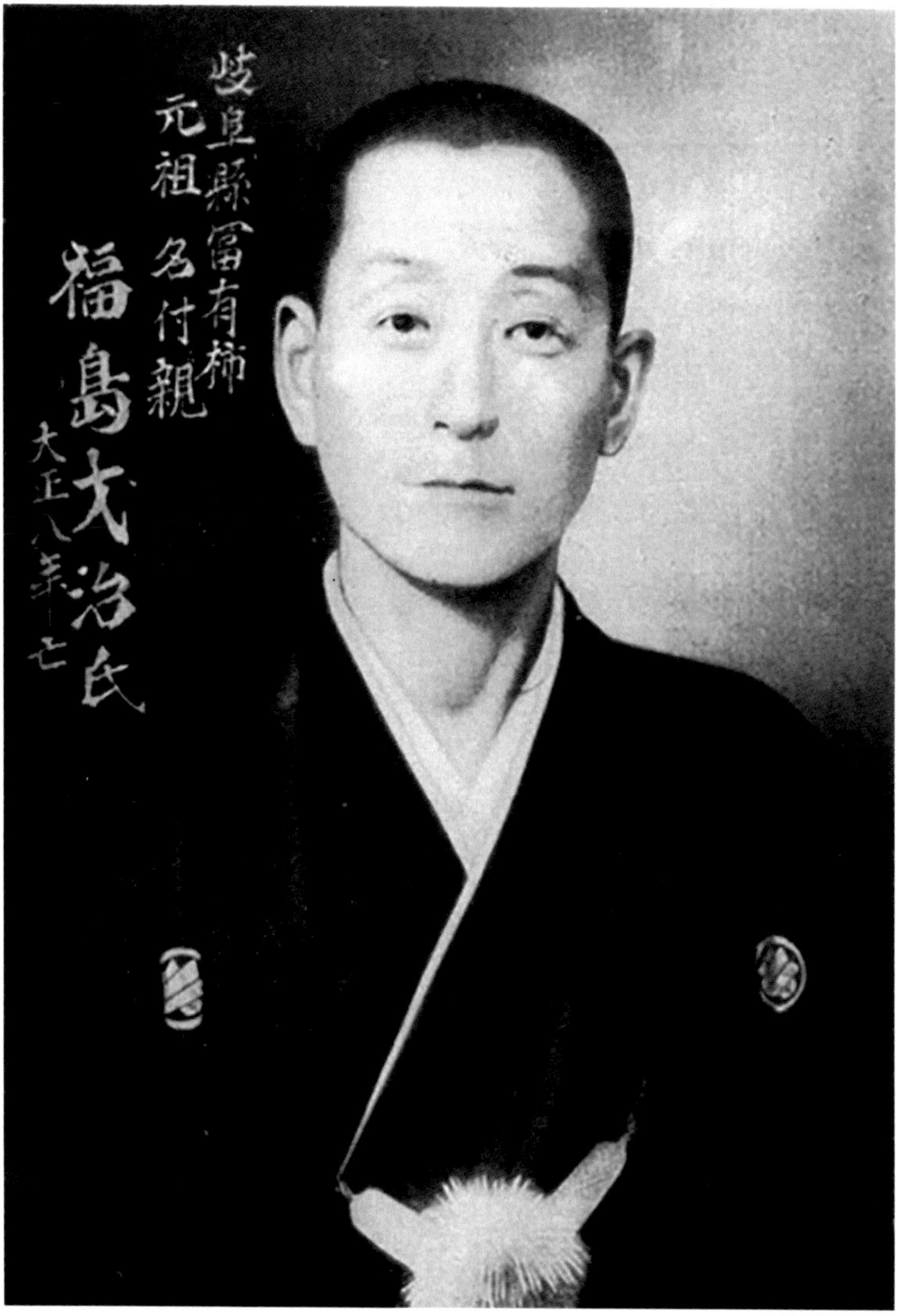

2017年４月に福嶌才治の孫和彦氏宅の仏壇で見つかった才治の写真。
現存する唯一の写真だと思われる。

富有柿発祥の地（瑞穂市居倉）

昭和63（1988）年に建立された福嶌才治の顕彰碑

1980年に巣南町（現瑞穂市）の天然記念物に指定された富有柿の母木

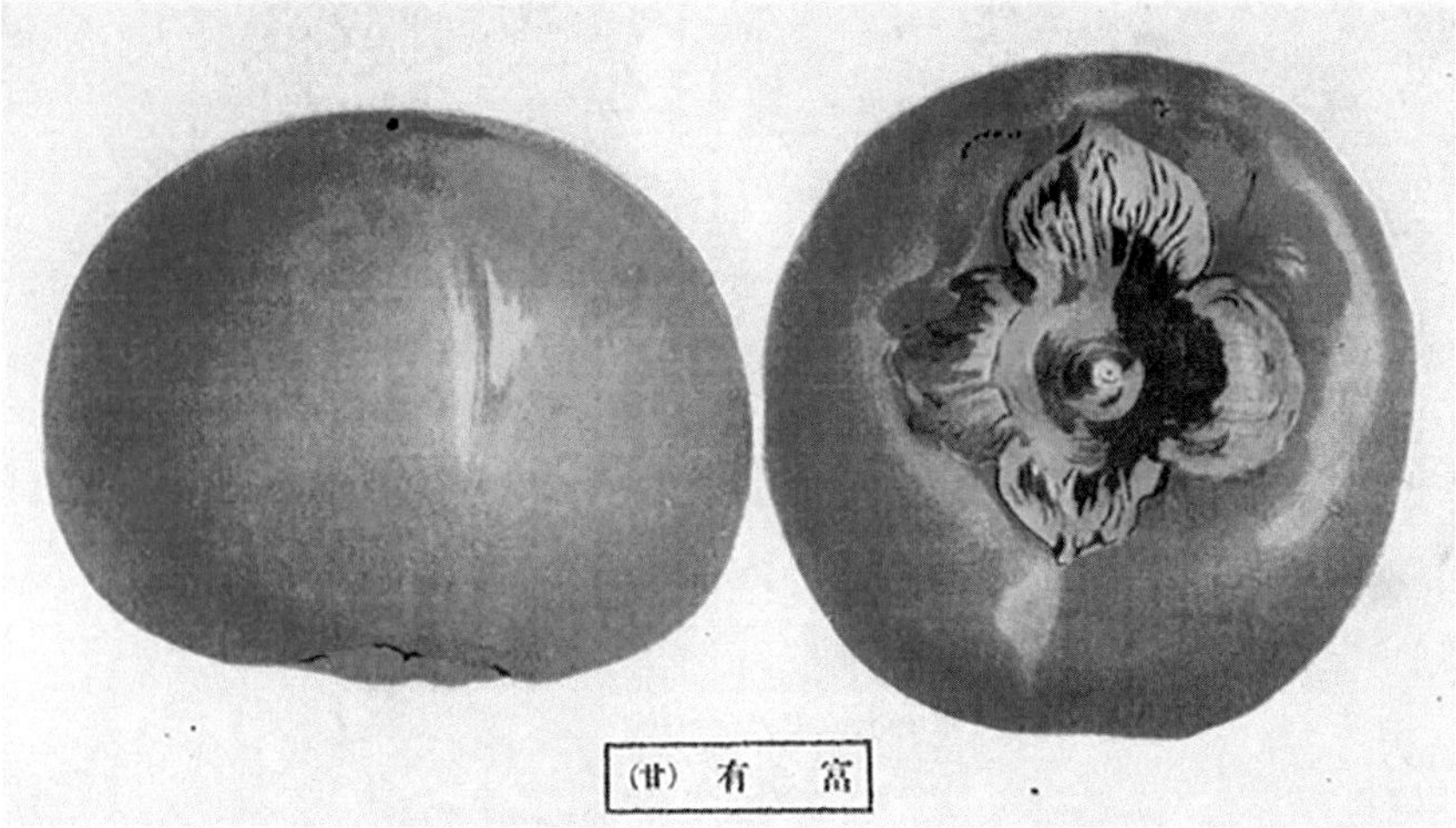

初めて彩色されて描かれた富有柿

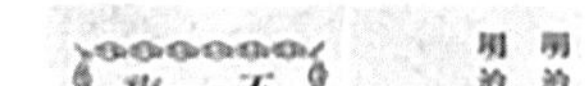
不許複製

明治四十四年八月廿六日印刷
明治四十四年八月三十日發行

柿實圖譜

正價金五拾錢

編輯者　松澤市之助
發行者　日本種苗株式會社
東京府豊多摩郡淀橋町字角筈七百六十七番地
右代表者　井上龍太郎

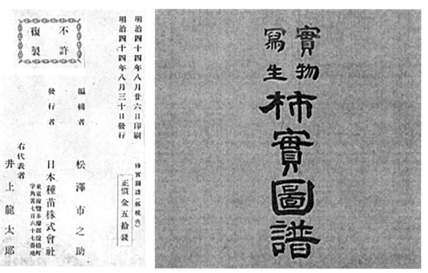

上の画像が収録された『実物写生　柿実図譜』（左・奥付）今井敬潤 蔵

発刊に寄せて

感謝の気持ちを新たに

瑞穂市柿振興会会長　小寺　徹

富有柿《ふゆうがき》発祥の地、瑞穂市は長良川と揖斐川に挟まれ、濃尾平野の北部に位置しています。肥沃な土地に恵まれ、古くから柿づくりが盛んでした。江戸時代中ごろに全国規模で調査・集約された「産物帳」に、美濃国で49種の品種が記帳されていることからもそれはわかります。

今から120年前に甘柿の王様である富有柿が、現在の瑞穂市居倉の地で、福嶌才治の努力により見いだされました。居倉御所柿を栽培していた小倉長蔵の柿の木に、形状・風味共に優れた柿が実り、話題になっていました。その柿の木を福嶌才治《ふくしまさいじ》が10数年も研究、改良しながら、県内の各種の品評会に出品し、1等賞を獲得し、高い評価を得て世に認められ、富有柿と命名されました。

富有柿は、果肉がシャキッとした歯ごたえで、ジューシーな甘さが口いっぱいに広がり、まさに甘柿の王様です。120年もの間、その地位に君臨している富有柿の発祥の地であることは瑞穂市の誇りであります。

瑞穂市柿振興会は、このように誇ることができる富有柿を見いだしてくださった福嶌才治に感謝し、発祥の地にふさわしい柿づくりに取り組む決意を示す、「2015富有柿発祥の地・みずほ感謝祭」（福嶌才治さんありがとう）を2015年10月18日に開催しました。

感謝祭を準備する中で、記念事業の一環として、『富有柿発祥の地 瑞穂市　福嶌才治さんありがとう』を発行することを決めました。甘柿の王様富有柿を見出してくださった福嶌才治さんの功績を記録するだけでなく、後世に伝えることや、富有柿の苗木が瑞穂市から全国にどのようにして広がっていったか、瑞穂市の柿生産者はどのような思いで富有柿を栽培しているか、瑞穂市の富有柿を食べた消費者の皆さんはどのように感じているか。そうした内容も盛り込むことを決定し、このたび編集委員のご努力により発行に至りました。心より感謝申し上げます。

『富有柿発祥の地 瑞穂市　福嶌才治さんありがとう』の発刊にあたり

瑞穂市長　森　和之

『富有柿発祥の地 瑞穂市　福嶌才治さんありがとう』が発刊されましたことを、心よりお慶び申し上げるとともに執筆いただきました瑞穂市柿振興会同書編集委員会の皆様に心からお礼を申し上げます。

甘柿の王様と称される、瑞穂市特産の「富有柿」は本書でも紹介されている福嶌才治氏の知恵と努力

によって生まれたものであります。

才治氏は、居倉御所柿を素材に改良し品評会での入賞を機に、その名を久世亀吉校長に相談したところ、「富有」を薦められ「富有柿」が誕生いたしました。その誕生から変わらぬ品質を保持されているのは、瑞穂市柿振興会の皆様の日々のご尽力の賜物でございます。

このような歴史の中で瑞穂市が誇る「富有柿」を、これから先１００年、２００年と後世へ栽培技術などを伝えていただくようお願い申し上げるものでございます。「富有柿」の生産を減らすことなく、次世代まで「瑞穂市の特産品」としていくことが、市長としての使命と感じているところです。

このたびの発刊にあたり、重ねて執筆編集に当たられました編集委員の皆様、さらには「富有柿」の歴史を守り続けていただいている瑞穂市柿振興会の皆様に対し、深甚なる敬意と感謝を申し上げ祝辞とさせていただきます。

富有柿への思い

柿生禅寺丸柿保存会　元会長　中山　茂

日本の秋を代表する果物は柿であると昔からいわれてきました。日本各地にはその土地特有の古い柿がありますが、明治以降でその代表的な柿といえば富有柿です。

岐阜県から生まれたこの柿は品質が良く地元の人たちの努力もあり、柿の中の柿として、また、柿の王様として評価されていることは喜ばしい限りです。
このたび、地元の関係者の方々によって原産地発の富有柿の記念誌が作成されました。これは、地域史の面はもとより、広く柿についての資料としても貴重なものとなるでしょう。発刊を喜ぶと共に、併せてご祝辞を申し上げます。

私の出身地は神奈川県川崎市の北部です。この地から1214年に禅寺丸柿が生まれました。この柿は日本で最初の甘柿（不完全甘柿）であったことから評判が高まり、江戸時代からは各地に大量に出荷されるようになり、村は柿で繁栄しました。明治期には村名が「柿生村（かきおうむら）」と名付けられたほどでした。

長い間続いた禅寺丸柿の生産も富有柿の出現でその座を退くことになりました。

富有柿は他に比類のないすばらしい柿です。地域を見歩いてわかりますことは、地元が一体となって栽培に取り組んでいることです。名産地とはこのような地域力が不可欠です。

また、発祥地には柿の原木と記念碑が大切に祭られてあり、地域住民の富有柿を大切に思う心の現れであると感動を覚えます。

さて、禅寺丸柿はその後、昔日の面影はありません。しかし、先人が柿と苦楽を共にし、村を築いてきた功績を忘れまいと、1995年に地元関係者によって「柿生禅寺丸柿保存会」が発足しました。その活動の中で王禅寺境内の原木前に「郷柿誉悠久」の石碑建立をはじめ、「禅寺丸柿ワイン」の醸造販売などを実施しております。さらに驚くべきことに、2007年、禅寺丸柿は「国登録記念物」指定となりました。まさにこれぞ禅寺丸柿保存会が記念碑に刻んだ「郷柿誉悠久」の願いが結実した誉れといえましょう。

　柿は日本の宝です。日本昔話に出る「さるかに合戦」の中では、柿が主役です。また、柿は日本的食味や日本原風景にマッチし、ロマンを覚えさせます。そのような柿の代表である富有柿には、いつまでも光り輝いてほしいと願っています。

目次

第1部　富有柿の歴史
～誕生から現在まで～

第1章　福嶌才治と富有柿の誕生

富有柿の母「居倉御所」

富有柿のルーツは、江戸時代初期にさかのぼり、大和国御所《ごせ》町（現奈良県御所市）で誕生した御所柿《ごしょがき》だといわれている。その名の起こりは、発祥の地にちなんだなど諸説あるが、稀少な極上の甘柿として宮中や幕府の高貴な方の御用達にふさわしい名前には違いない。

それから２００年ほどのちの文政３（１８２０）年、美濃国大野郡居倉村《いくらむら》（現瑞穂市居倉）で百姓をしていた小倉八平《おぐらやへい》の母ノブが屋敷の東方に御所柿を植えた。ちなみに居倉村の村名だが、村内にある元《もと》伊勢《いせ》（天照大神が皇居から伊勢神宮へ遷《うつ》る際に一時的に鎮座したという伝承を持つ神社）の一つ「伊久《いく》良河宮跡《らかわのみやあと》」に由来するといわれている。

昭和４（1929）年に撮影された富有柿の原木（石原三一 1940年『柿の栽培技術』）

明治35（１９０２）年に出された「岐阜県統計書」を見ると、当時の甘柿と渋柿の樹数はそれぞれ13万本前後で拮抗しており、その用途も甘柿、渋柿共に販売用が７割で自家消費用３割とほぼ同じだったとされている。

美濃地方で栽培されていた甘柿はほとんどが御所柿に類する柿で、形状や品質、産地などによりいろいろな名前で呼ばれていた。「天神御所」、「花御所」、「上加納御所」

など、その名称は数十種類に及んだという（矢崎亥八、１９１０年「美濃の國の富有柿に就て」、大日本農会報第３４３号より要約。資料編参照）。

このような多くの御所柿の中で、小倉ノブが植えた御所柿はいつしか「居倉御所」と呼ばれるようになった。そして、のちにこの柿の木は「富有柿の原木」として広く知られることになる。

父福嶌青柴

福嶌青柴《ふくしませいし》は旧名を福富仙蔵という。仙蔵は居倉村の庄屋、福冨彦右衛門の次男として天保2（１８３１）年7月17日に生まれた。仙蔵は両親と兄の彦七郎とともに実家に住んでいたが、長じて福冨家の東隣に分家した。そして、福冨ではなく福嶌青柴と名乗って、同地で骨董商を営んだ。ここは一族の福冨利平二の所有地であり、利平二の土地を借りて青柴は妻阿さのと所帯をもったのである。

＊福冨家の子孫福冨英行氏作成の資料より

福嶌才治

青柴34歳のとき、阿さのとの間に長男才治が誕生した。明治維新前夜の元治2（１８６５）年3月25日のことである。幼少期の才治がどのように育ったかを知る術はないが、『富有柿とその原木』（小倉淳一、１９７１年、資料編に所収）には、進路を決める青年期を迎え、才治はまず医学の道を志したとある。骨董商の父青柴の幅広い交友関係がその糸口になった。

大垣藩医柏瀬某の知遇を受けるに及んで、一子才治を同家に託しその訓育を請うた。才治は素質にめぐまれ、医師を志して17歳のとき岐阜病院（＊現岐阜大学医学部付属病院）の実習生となり同病院長佐々木曠の指導を受けその将来を期待された。同期生に後の岐阜病院副院長渡辺柳吉がいて、終生親交があった。才治は惜しくも健康を害し、医師を断念帰郷した。才治二十歳のとき父青柴が隠居して家督を相続するが、向学心の強い青年才治には無為の日々がはなはだ苦痛であった。たまたま当時一般に居倉御所と称された当地の甘柿中、隣家小倉初衛方のそれが、形状風味共に優れていることが話題になっていたのでこれを素材として柿の品種改良を思い立った。彼は、医学研修の過程で得た知識を活用し、青年の情熱を傾注して、未知の分野にそのすぐれた才能を発揮した。

＊は編著者

引用文中、「小倉初衛方の柿」とあるが、年代的には初衛の父の長蔵の時代かと思われる。いずれにしてもこの柿の木こそ、長蔵の祖母小倉ノブが植えた「御所柿」であり、「富有柿の原木」として日本一の甘柿を生みだしていくことになる。

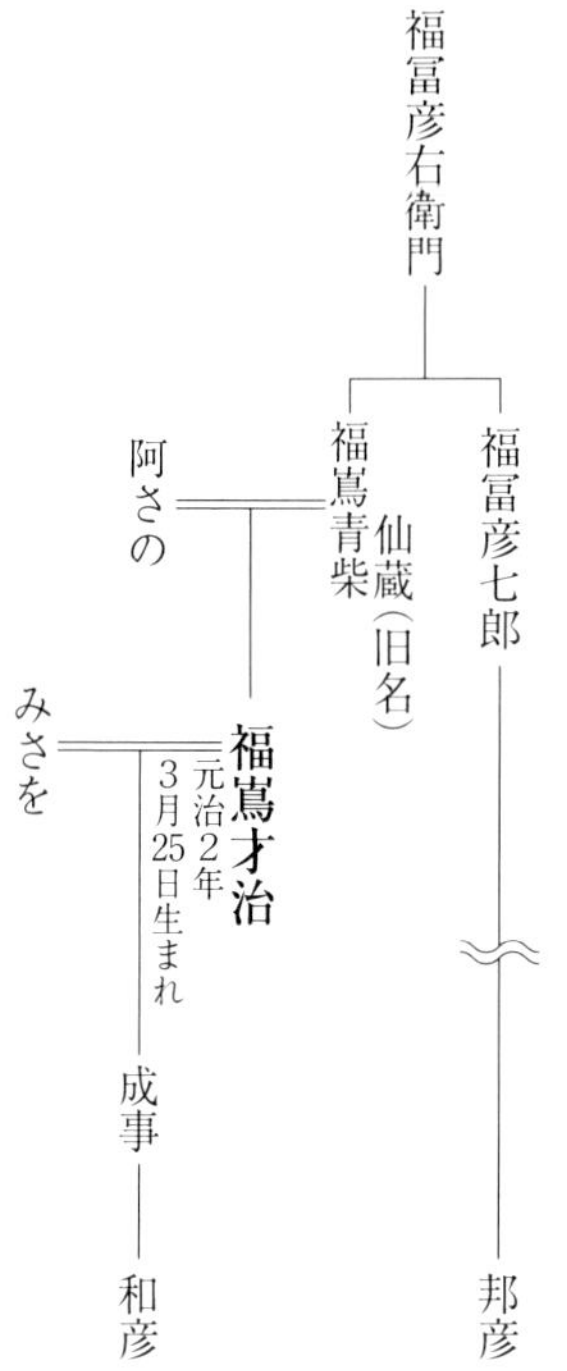

福嶌才治の家系略図

才治の家業は骨董商で、広い農地を有していたわけではなく、柿は自宅の敷地で栽培している程度だった。しかし、一度は医学の道を志した学究の徒だけに、持ち前の探究心が沸々と湧き起こったのであろう。

福冨家の跡継ぎ、彦七郎（青柴の兄）

の曽孫《ひまご》邦彦が作成した年表によれば、才治が小倉長蔵の居倉御所の枝を譲り受け、初めて接ぎ木を試みたのは、明治17（1884）年、才治19歳の春となっている。1年の違いはあるが、いずれにせよ良好な結果を得た青年才治は、その後、個体選抜と系統選抜を繰り返し、より良い品質の柿の誕生を目指して柿づくりに取り組んでいく。

そのたゆまぬ努力が奏功し、明治25（1892）年秋、岐阜で開催された品評会に改良を施した居倉御所柿を出品すると、いきなり一等賞に輝いたのである。明治時代には品評会や共進会、博覧会といった産業振興のためのコンテストが盛んに催されており、産地や品種の売り込みにはうってつけの場だった。才治の柿の素晴らしさが初めて認められ、雌伏の時代は終わりを告げようとしていた。

しかし、実はその前年、この地域は「濃尾震災」に見舞われていたのである。美濃地方を中心に未曾有の被害をもたらしたこの地震は、現在の本巣市根尾を震源とし、10月28日の早朝に発生した。マグニチュードは8・4。31日までの4日間に烈震が4回、強震は40回と記されており、明治時代最大規模の大地震だった。『巣南町史』によると、当時、居倉にあった家屋75戸は一つ残らず全壊した。住む家まで失い過酷な地震災害の被災者の身でありながら、品評会に出品し見事、最高位の入賞を果たした才治。居倉御所柿に傾けた彼のひたむきな情熱がうかがい知れようというものである。

富有柿と命名

優れた新しい柿をつくることに心血を注いだ才治であったが、その一方、書や俳諧をたしなむ文化人でもあった。外出には山高帽をかぶって白い足袋をはき、人力車に乗って往来するような、当時の居倉村にあっては異色で都会的な人物として知られていたようだ。そんな進取の精神は、新しい柿にふさわしい新しい名前を求めた。

明治31（1898）年、当時、御所柿、天神御所、水御所、居倉御所などと呼ばれていた柿に独自の名前をつけて品評会に出品しようと考えた才治は、かねてから親交のあった川崎尋常小学校（現瑞穂市西小学校）の校長、久世亀吉（明治7年生まれ。在任明治29～37年度）に二つの案をもって相談した。

2案とは、「福寿」と「富有」である。福寿は観音経にある「福寿海無量……」、すなわち「幸福で福徳が海のように広大に集まること」の一節であり、富有とは、『礼記』大学編第十七章に記されている「富有四海之内……」の中の「その富は四海の内を有《たも》つほどに豊かである」という文言の中から採ったものである。

久世亀吉は「富有」を薦め、「優れた素質のあるものは世の中全て、すなわち四海に広まる」と解説した。才治はその言葉を受け、「富有」に決めた。この命名に至るエピソードは、才治の深い思いをうかがわせるとともに、その後の富有柿がたどることになる輝かしい道のりを暗示しているかのように思われる。

福嶌才治に「富有」命名を助言した久世亀吉

その年の秋、岐阜県農会（農会は現在のJA）の品評会に才治は初めて「富有」の名前で柿を出品した。見事1等賞に輝いたものの、翌、明治32年の岐阜県農会誌82号には、「1等賞　御所柿　本巣郡川崎村　福嶌才治」と記載され、まだまだ命名されたばかりの「富有」は、関係者の間でも周知されていなかったことが分かる。

しかしながら、「富有」の名を掲げた最初の品評会で得た県内一という評価は、才治のそれまでの努力に報いるに余りあるものであり、この快挙により才治がさらに確固とした自信を深めるに至ったことは想像に難くない。

その後も才治は、静岡県興津町（現清水市）にあった国の農事試験場の園芸部長恩田鐵彌の指導を受け、この優れた新品種の改良に意欲的に取り組み、穂木《ほぎ》の採取や接《つ》ぎ木による苗木の育成に努力した。

そして、明治40（1907）年、才治は隣村の席田村郡府《ぐんぶ》（現本巣市郡府）に住む知り合いの松尾勝次郎に20本、また翌年同じく郡府在住で勝次郎の友人の松尾松太郎に50本販売したという。勝次郎たちが購入したのが成木であるか、接ぎ木に使う穂木であるのかは、『本巣郡史』や『富有柿とその原木』には成木と書かれているが、両松尾家の子孫は、入手したのは穂木のはずだと話している。

いずれが事実であるとしても、松太郎の孫、宗廣氏（1964年生まれ）が語ったところによると、近隣の農民たちは果実が実るまで数年間かかり、その間、何も収入を得られない柿園を見て気が狂ったかと噂したという。

ところが、そんな人々の予想は見事に裏切られ、富有柿はその後、最もおいしい甘柿の品種として全国に広まり、既に120年余りになる。ほかの果樹を見渡しても100年以上主力品種として活躍しているのは富有柿のほかにないだろう。

瑞穂市居倉には、現在も小倉家の末裔《まつえい》小倉正剛氏の一家が居住している。その屋敷の前には、昭和55（1980）年に巣南町（現瑞穂市）の天然記念物に指定された「富有」の母木が保存され、「富有柿発祥の地」の碑などが建立されている。

富有柿の接ぎ木技術

才治が見いだし作りあげた富有柿は、その後、甘柿の王様として日本だけでなく、海を越えて普及することになるのだが、そのための欠くことのできない栽培技術が「接ぎ木」である。接ぎ木関連の用語は以降も何度も登場するためここでまとめておく。

富有柿を殖やすには、丈夫な柿の実生台《みしょうだい》木《ぎ》（種から育てた木で、接ぎ木をされる元の木）に殖やしたい柿の芽二つを付けた枝「穂木」を接ぎ木する方法が採られる。福嶌才治も当初、居倉御所といわれる原木から採った枝を接ぎ木して苗木を作った。医師をめざした才治は生物学の知識を持ち、江戸時代に既に知られていた接ぎ木の技術を用いることができたものと思われる。

そこで、かつてどのように接ぎ木を行っていたか、安政6（1859）年に大蔵永常が著した『広益国産考』（現代語訳、飯沼二郎　1978年　農文協）から一部を紹介する。

翌年の春になって近所によい

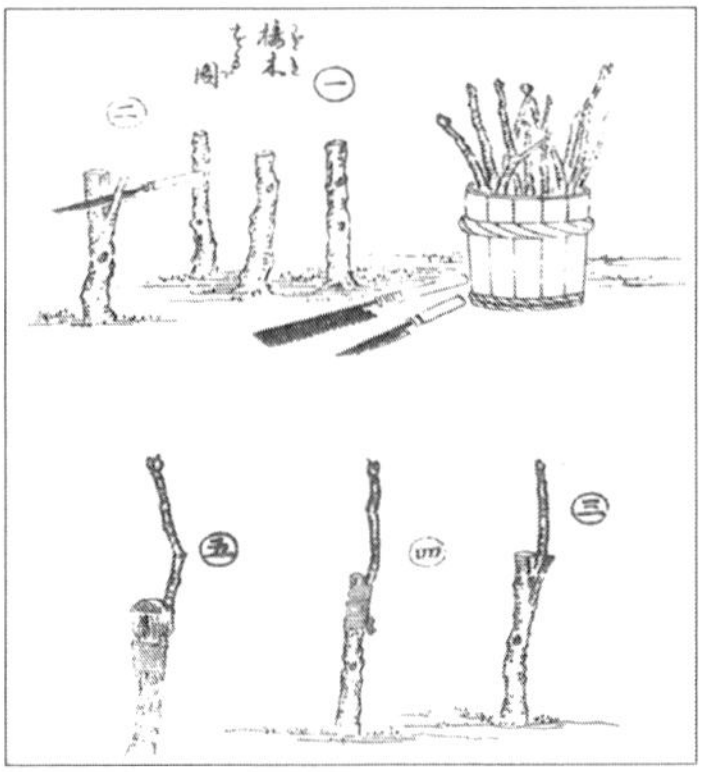

『広益国産考』（現代語訳　1978年　農文協）に描かれている当時の接ぎ木の方法

育成中の実生台木

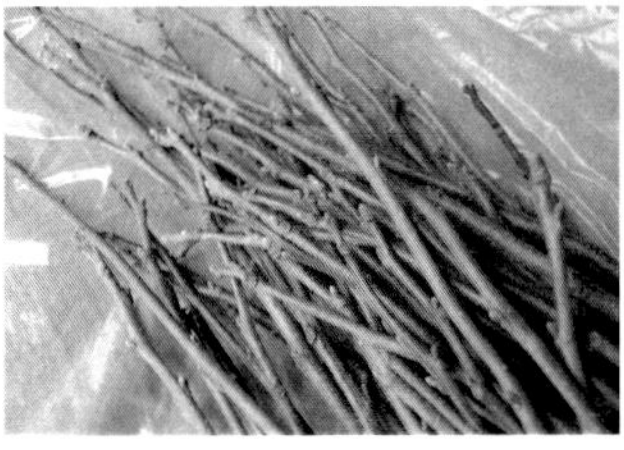

穂木（林富有農園）

柿の木があれば、穂木をもらってきて、小さな桶に水を入れ、その穂の切り口をつけ、右の台木のあるところに持って行く。さて、台木の根元から五、六寸上のところを、木伐り用の目の細い鋸で切り、よく切れる小刀で皮と肉（木質部）との間を二寸ばかり切り下げる。穂木のほうは四寸ほどに切り、その真中から小刀で斜めに、末端の方が紙くらいの薄さになるようにそぎ、その反対側は同じ長さに皮だけそいで、まず口にくわえる。右のようにそいで口にくわえた穂木を、斜めにそいだ部分が台木の皮の付いた部分に当たるようにぴったりと挿しこむ。やわらかく打ったわら（縄、わらじを作るよりも少しやわらかめに打つ）二本を右の手に持ち、それを台木のそぎ口より一分ほど下の箇所で木の向こう側にあて、わらの根元を二寸五分ほど左に出して巻き、下のところで交差するようにして堅くしめる。

専用のテープが巻かれた接ぎ木の部分

富有柿栽培の先駆者の子孫である松尾恒夫氏と松尾保秀氏は、昭和50年代まで、接ぎ木した部分を稲のわらでしばる作業を見た記憶があると話している。二人は水に濡らしたわらを木槌で打ち、軟らかくする仕事を手伝っていたという。つまり江戸時代から続いている方法のままで接ぎ木を行っていたことになる。

現在では、接ぎ木用テープのすぐれた製品が販売されており、活着率は当時に比べて格段に向上していると思われるが、基本的な技術は全く変わっていないのである。

富有柿の苗木

第2章　富有柿栽培の広がり

入賞重ね、皇室に献上

福嶌才治が見いだした甘柿は、明治25（１８９２）年に品評会で1等賞を得て以降、品評会や共進会でたびたび入賞した。富有柿命名後も、明治31年、翌32年と連続して岐阜県農会主催の柿展覧会で1等入選して当時の岐阜県知事野村政明に認められ、奨励品種にするよう指示された。さらに、明治35年に岐阜市で開催された関西府県連合共進会では、特に推挙奨励された。

翌36年11月、岐阜県農会主催第２回蔬菜《そさい》果実品評会では、柿の出品２００点余りの中から1等賞を授与された。このときの審査委員長が才治に栽培法の指導をした恩田鐵彌であり、恩田は当時、興津園芸試験場の場長に昇進していた。審査中の12月1日、恩田は「明２日官内大臣農商務大臣午前十一時来場に付、直ちに帰場ありたし」との電報を受け、急きょ、1等と2等のみ決定し、審査報告書は審査員に一任して帰場した。

このとき審査員に加わっていた田中栄助は、1等入選の富有柿、蜂屋柿、梨、大根、守口大根、飛騨ねぎを試験場で視察中の大臣の試食用として興津園芸試験場に急送した。田中は本巣郡西郷村（現岐阜市）で柿園を営み、柿づくりの講習などもしていた篤農家で、富有柿をはじめ岐阜県産の農産物がいかに優れているかを実際に口にして知っていただこうと考えたのであろう。

田中の思いは大臣に届いた。大臣らは富有柿と飛騨ねぎの味噌焼きをことのほか称賛し、とりわけ富有柿については、皇室に献上するよう恩田鐵彌に依頼した。恩田から大臣の指示を聞いた岐阜県の川路利恭知事は、福嶌才治に連絡。翌、明治37（１９０４）年、才治は富有柿一籠を居倉地区が所属している川崎村農会から皇室に献上した。

富有柿が品評会や共進会・展覧会などで入賞を重ねて名声を博し、さらに皇室に献上されたことも評判になり、果樹農家は富有柿の将来性に着目するようになった。また、福嶌才治が生みだした富有柿の本格的な栽培を最初に始めた郡府の松尾勝次郎と松尾松太郎の栽植結果も良好で、二人は近隣の農家に富有柿づくりを勧めた。

富有柿の高い評価に現場の栽培実績が加わり、郡府一帯の農家は在来種を排していち早く富有柿の産地を形成した（『巣南町史』より）。

富有柿普及の功労者　松尾勝次郎

明治末期ともなると富有柿は全国に知られるようになり、各地から才治のもとに苗木の注文が相次いだ。才治は、それらの需要に応えようと苗木の生産に注力し、普及宣伝に努めるなど、「富有柿の父」にふさわしい後半生を送ったが、大正８（１９１９）年、病により55歳で逝去した。才治の家督を継いだのは三男成事で、才治の死後、岐阜市に引っ越した。現在、居倉には福嶌姓を名乗る家はなくなった。

才治亡き後、苗木生産に携わった当時の代表的人物が、最初に才治の富有柿の可能性を見いだし、栽

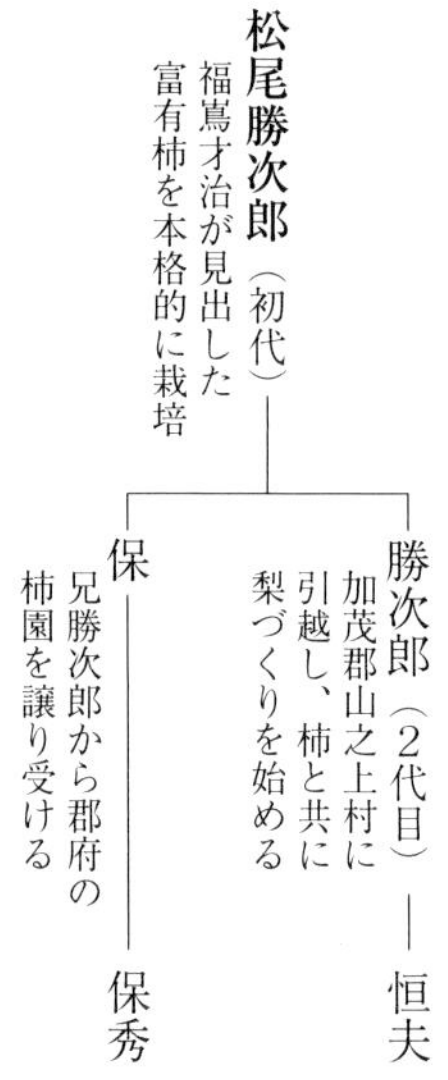

松尾家３代家系図

初代松尾勝次郎が郡府時代に住んでいた家。穂木を貯蔵した穴はこの軒の奥にあった。

培に取り組んだ松尾勝次郎である。

松尾家は勝次郎、２代目勝次郎と続き、２代目勝次郎の長男である恒夫氏（１９３２年生まれ）は、現在、美濃加茂市山之上町で健在である。

恒夫氏は、10才まで郡府で家族と共に過ごしていた。そのころの柿にまつわる思い出話である。

１００坪はある大きな家は、当時では珍しい瓦屋根で、玄関の東にある広い土間では、柿の接ぎ木作業が行われていた。土間の軒下には富有柿の穂木の保管用に、縦横約１・８×３・６メートル、深さ１・２メートルの穴が掘られていた。穴の側面はコンクリートで固められ、底は土のまま。３センチほどの厚みの木製の板で覆われていた。

この穴には冬場に切り取った穂木が貯蔵され、３月から4月に接ぎ木作業を行った。後年、家の改築に伴い埋められ今はない。

初めは接ぎ木の方法がわからないので、愛知県の稲沢まで夜に出かけて接ぎ木された苗木を観察して、こっそりその技術を手に入れようとしていたようだ。そのうちに、年に何千本、何万本の苗木を育成し、近隣をはじめ全国に発送、販売するまでになった。勝次郎宅へは柿の普及に努力した初代勝次郎の柿園経営について学ぶべく、後に黄綬褒章を受章した松尾松太郎が見習いに来ていた。

大正時代末期ごろから加茂郡山之上村（現美濃加茂市山之上町）では、山林を開拓し果樹を栽培する事業が始まり、果樹の中には富有柿も含まれていた。昭和５（１９３０）年ごろから、恒夫氏の父である2代目勝次郎は、郡府に居住しながら苗木の売買で生じた縁がきっかけで、開拓地の雑木林を一人でこつこつと開墾し、その土地に富有柿の苗を植えていった。当初、地元の人たちからは、こんな痩せた土地に柿などなるものかと笑われたという。

しかし、地道な努力の甲斐あって、5年後の昭和10年ごろには、1町5反（1・5ヘクタール）の柿園を開園する運びとなり、勝次郎は郡府の富有柿園を松尾家の第1農場、山之上村の柿園を第2農場とした。先の戦争が終わり、山之上村の柿園の経営を軌道に乗せた勝次郎は、ここだけでも生活の見通しがつくと見極め、第1農場と住家を弟の保に譲り、一家そろって仏壇とともに山之上村に引っ越した。

松尾恒夫・香代子夫妻

恒夫氏は家族経営の果樹園を手伝うかたわら、弟と共同で自動車の修理業も始めたが、父勝次郎の病没を機に修理工場の経営を弟に任せて果樹園を継ぐこととなった。その後、恒夫氏は当地で富有柿よりも高収入につながる梨の栽培に挑戦し、梨棚が設置できる柿畑を順次梨畑に転換していった。

今年で87才になる恒夫氏は、県内きっての梨のブランド「山之上の梨」の生産農家として現在も夫婦共々梨づくりに携わる一方、松尾家代々の身上を築いた富有柿も引き続き彼の地で栽培している。

第3章　富有柿「全国区」に

全国一の栄誉と評価

初代松尾勝次郎は、恒夫氏の記憶にあったように保存穴いっぱいの穂木を採り、接ぎ木苗を生産して全国に発送、販売した。富有柿に対する評価が高まるにつれて、富有柿の苗木の人気もますますうなぎ上りで、勝次郎は郡府にいたころは富有柿と苗木の生産・販売で生計を立てることができたのである。

このような苗木販売による富有柿の全国への拡大に一層の弾みを付けた出来事がある。それは、大正元（１９１２）年に東京で開催された「全国園芸共進会」において勝次郎の富有柿が１等賞を獲得したことである。このときの賞状と金メダルは、戦争などの惨禍を免れ、松尾家に家宝として伝えられている。

「全国園芸共進会」で１等賞を獲得したときの賞状

大嘗祭に供する富有柿の畑に組まれた竹矢来

松尾勝次郎の次に郡府で富有柿の栽培を始めた松尾松太郎の孫宗廣氏によると、さらにこの後、富有柿に対する評価を決定的にした出来事があったという。昭和３（１９２８）年11月、昭和天皇の即位の礼大嘗祭《だいじょうさい》の供物として、松太郎の柿園の富有柿がその一つに指名されたのである。その柿を収穫する畑には周囲を囲む「竹矢来《たけやらい》」が組まれ、肥培管理は白装束をまとって行ったそうである。

明治末期は、柿はもとより果樹全般の栽培が全国的に盛んになり始めたころで、それに伴い流通や販売面も、にわか仕立てで整備構築されていった。新たな産業の興隆には付きものだが、いわゆる「まがい物」もあちこちで現れるようになる。

当時、わが国の園芸振興の指導的立場にあり、富有柿の父福嶌才治に栽培法を指導した人物でもあった恩田鐵彌は、苗木の売買について以下のような注意を喚起した上で、富有柿をこう激賞した。

近年、各地で果樹栽培がますます盛んになりましたが、娯楽的は別でありますが、営利的に栽培するのにはどうしても品種の選定ということが最も肝要であります。（中略）苗を買い入れて植えてみたところが、まるっきり広告とは違う。それでその苗木をわざわざ送って尋ねる人もあります。（中略）しかし、これを法律をもって取り締まることは今においてはできないので、何か適当の方法があれば、その方法によって間接に取り締まらなければならないということは常に話しがあるのであります。それで、今のところでは、まず種苗商の新しい品種には信用を置かないということが一番安全なのであります。（中略）確実な苗木を売る場所を調べて、そこから買うことにいたさなければなるまいと思います。（中略）岐阜県の富有柿、これは一番優良である。（中略）商品としては植えるべき品種である。（中略）まず新しく植える人は富有柿を多くしたらよろしかろう。今のところでは岐阜市でも果実1個10銭くらいする。とても東京には来ない。もう少し数が殖えて安くならなければいけない。（恩田鐵彌、１９１０年「果樹の優良なる品種に就て」大日本農会報第３５４号）

出荷を待つ富有柿の苗木。
写真右上にはＰＵＳＡＮ（現韓国の釜山）
の文字が見える

これは恩田鐵彌が「富有」についてコメントした初出の論稿といわれる。このようなお墨付きを得て富有柿は各方面からの高い評価を受けることになり、全国から多くの苗木の注文が舞い込み、日本中に広まった。

２代目勝次郎から郡府の柿園を継いだ弟保の長男松尾保秀氏（１９３５年生まれ）は、その後の苗木の人気ぶりについて、国内にとどまらず、「朝鮮半島からも注文が来て、穂木を大根に刺して送ったと聞いている」と話している。

苗木の生産と販売促進

苗木の販売拡大

富有柿が全国に普及するにつれ、苗木は次第に大量生産やＰＲの時代に入っていった。

富有柿を中心に地元で大量の苗木の生産販売を始めた草分け的存在は、本巣郡美江寺村（現瑞穂市）に明治26（１８９３）年、開業した「新竹屋」、のちの「富有園」である。創業者の馬渕久雄はカタログを作って苗木の通販を営み、長い年月の間に着々と信頼を得て全国に各種果樹の苗木を販売した。しかし、当家にあったこの時代の富有柿の貴重な資料はすべて処分され、残念なことにほとんど残されていない。現存しているのは宣伝ハガキとカタログ（林喜美子蔵）、それぞれ一点ずつだけである。ハガキは明治44年10月31日、富有園から石川県の苗木販売業者に宛てた今でいうダイレクトメールで、農学博士で元大阪府立高校教諭の辻本義弘氏から、この本の制作にあたり指導・助言をいただいた今井敬潤氏に富有柿の研究資料として寄贈された。

ちなみに明治44年の生産者米価は、記録によると一俵（60キロ）6円16銭。当時、コメの反収は4俵とされ、金額にすると24円64銭になる。

このハガキの裏面に記された富有柿の苗の値段は100本で4円から7円。富有柿の苗については、当時ではなく現在の反収となるが、1反で約8000本収穫できるという。前述した明治44年の苗の値段を平均して100本5円とすると、反収は400円。柿苗は種蒔きの翌年接ぎ木をするため、商品化には2年かかる。従って1年あたりの収入は、柿苗は200円となるが、それでも実にコメの約8倍である。富有柿の

富有園のカタログ表紙（1958年）

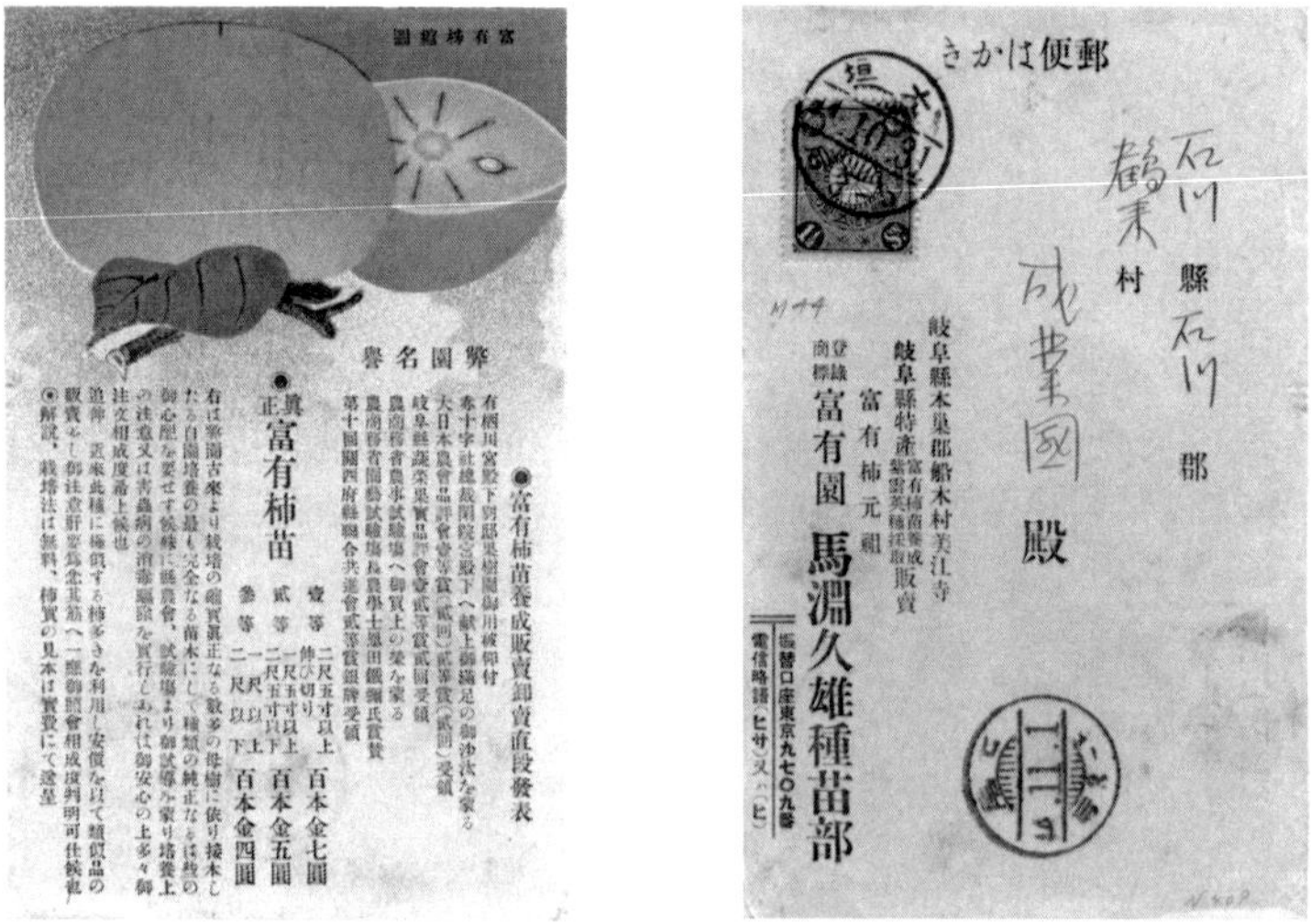

富有園から石川県の苗木業者に郵送された富有柿の宣伝ハガキ（今井敬潤氏蔵）
消印は明治44年10月31日（切手の博物館学芸員のご教示）

苗がいかに高値で取引されていたかが、このハガキ広告から知ることができる。

林富有農園

一方、明治38（1905）年に船木村十八条（現瑞穂市）で創業した「林富有農園」も柿栽培のかたわら果樹の苗木を大量に生産し、やがて、それら苗木及びレンゲの種子のカタログ通販を始めて日本全国、青森から九州各地に至るまで、さらには朝鮮半島への輸出にも取り組んだ。

初代の林虎吉は、昭和2（1927）年の秋『最新富有柿栽培法作業暦』を発行した。再発行時のあいさつ文には次のように書かれている。

弊園は副業大王として一般社会より好評を受けつつある富有柿の栽培を農村不況打開の一策として誠意をもってお勧めする

「林富有農園」の創業者林虎吉

1930年代初頭、世界恐慌の嵐は「昭和農業恐慌」を引き起こした。この「作業暦」は不況にもがく地方の農家に生き残る道を指し示すものであった。富有柿を植えて毎月毎月この栽培暦に従って富有柿を実らせることは、きっと農家の生活向上に役立つ。そうした信念に基づいて農民の苦境脱出の方策を示し、富有柿栽培の具体的な取り組みを提案したのである。

『最新富有柿栽培法作業暦』表紙

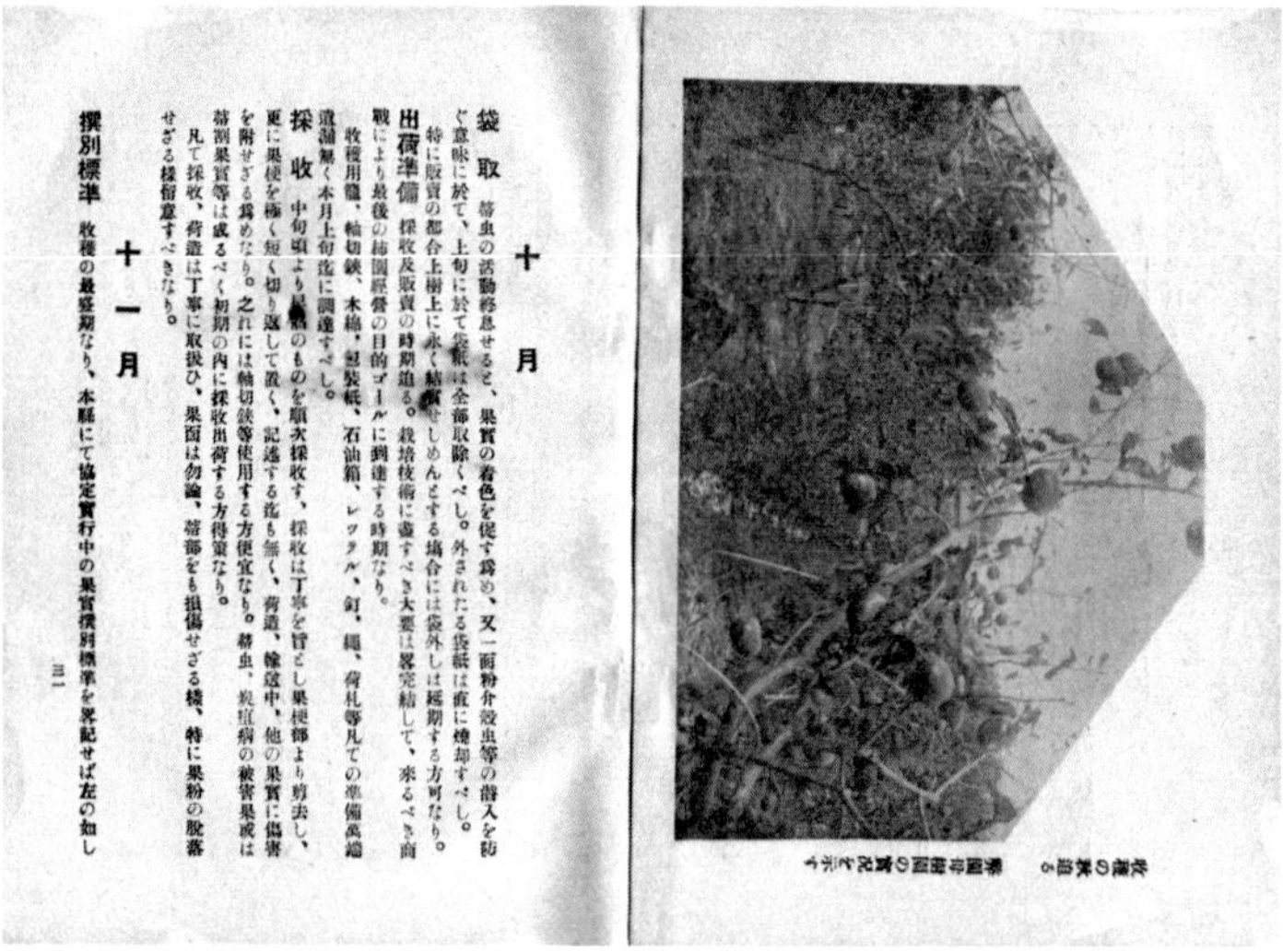

同暦の本文中、10月と11月のページ
＊右ページ「収穫の秋迫る」写真は構図上、縦・横が変えてある

林富有農園の2代目正治は、戦争中に強制的に切り倒された柿園を復活させ、富有柿の栽培と富有柿の苗木の生産販売に並々ならぬ情熱を抱き、研究を重ねて労力をつぎ込んだ。そして、昭和30（１９５５）年に開催された「岐阜県特産柿・玉葱共進会」で、出品された１７６点中、唯一「農林大臣賞」を受賞した。その柿を生み出した木は現存し、今もなお、毎年素晴らしい柿を実らせている。

昭和31年には、岐阜市で「全国果樹研究会柿部会」が開催された。その折に岐阜県富有柿研究会が発行した冊子『岐阜の富有柿』には、正治の富有柿に対する熱い思いと栽培技術が記されている。

> 柿は成るものだと言う日和見的な自然に依存してはいけない。先ず一年間柿の樹は時季々々にどう言う目的に向かって働いて居るかと言う樹の習性をしっかりつかんで、春四月の発芽と同時に今年の柿は必ず結実させる。翌年の柿も必ず結実させる様十分な花芽を分化させて置くと言う一年先のことを絶えず念頭考慮に入れた「成るのではない」「成らせると《ママ》」言う積極的な信念を以て柿樹と対決管理すべきだとの確信を

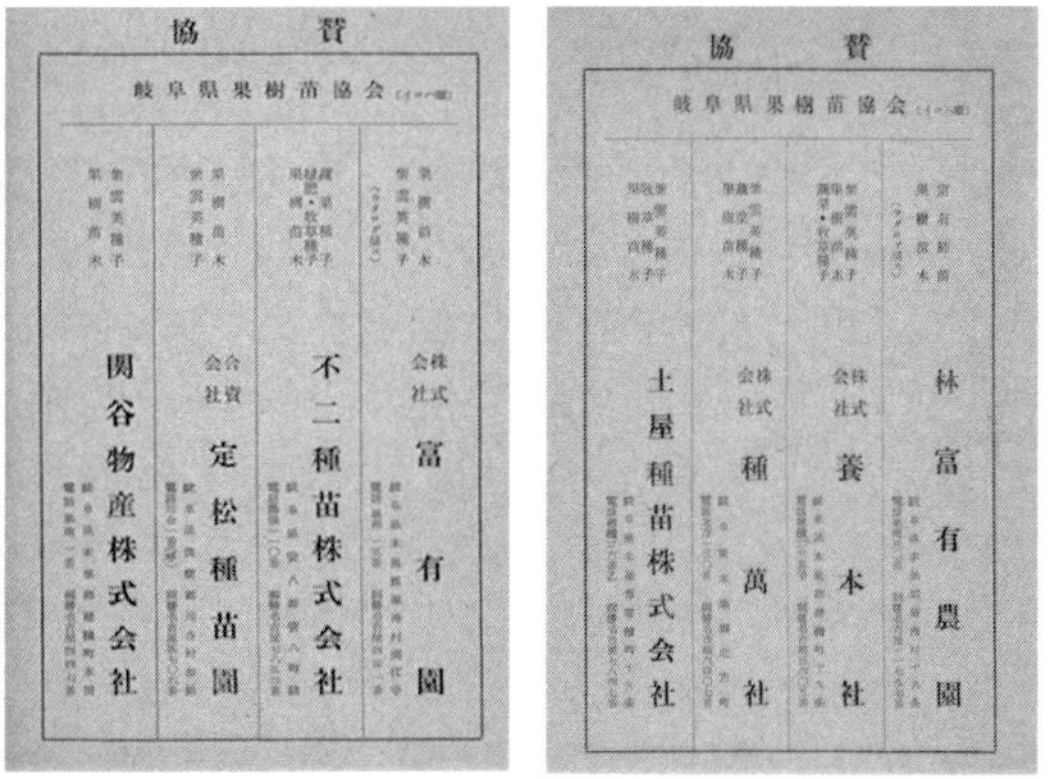

同冊子内の協賛社のページに掲載された県内の主な富有柿の苗木販売会社

昭和31年に岐阜市で開催された「全国果樹研究会柿部会」に合わせて作られた冊子「岐阜の富有柿」

得ましてその確信に基いて今年も来年も私の将来柿栽培を続ける限り管理に対する確信と心構えは絶対不動であります。

一方、正治は苗木のカタログ販売にも力を入れた。

苗木販売業者は、名声が裏打ちする、大きな信用が苗木の販売実績に直結する。このような見方でカタログの内容を見ると、よけいに生き生きと伝わるものがある。遠方の農家にとっては、岐阜県の巣南村まで来るのは難儀極まりない。カタログは実績と結びついた信用を載せて農家へ届けられ、大いに重宝された。

昭和30年、農林大臣賞を受賞した柿を生んだ柿の木

昭和38（1963）年のカタログで富有柿苗特等一本50円のころ、苗木の総売上高は1400万円、苗木の生産本数は2万8000本に上った。ちなみに当時100万円で一軒家が建ったという。初代虎吉、2代目正治は苗木生産販売、柿果実生産販売、続いて3代目喜美子の時代は、柿果実贈答販売及び当時の農協への出荷が経営の主力となった。

現在、富有柿の苗木の生産販売は、昭和25（1950）年に船木村（現瑞穂市）に設立された岐阜県果樹苗木農業協同組合が中心となって行っている。

富有柿の適地

富有柿発祥の地が現在の瑞穂市であることは、これまでに繰り返し述べてきたが、そもそもこの辺りは富有柿栽培に最適な地域なのだろうか？

最も重要なことは気候が適合することである。例えば岐阜県内でも郡上市では、同じ富有柿でも渋味がなかなか抜けないといわれる。もう一つ大切なことは、土壌の深さである。この点を中心に『濃飛ところどころ』（上島正徳、1977年、上島教授退官記念事業会）所収の「岐阜地方におけるカキの栽培」を引用し、岐阜県内の富有柿の分布から適地を考えて

主要カキ栽培地の果樹作付面積
（昭和36年）（単位10アール）

市町村		カキ	ナシ
岐阜市		2,265	258
本巣郡	本巣町	789	70
	網代町	512	8
	糸貫町	1,427	233
	真正町	823	593
	巣南町	788	271
	北方町	237	45
揖斐郡	大野町	1,585	88

（農林省岐阜統計調査事務所調査による）

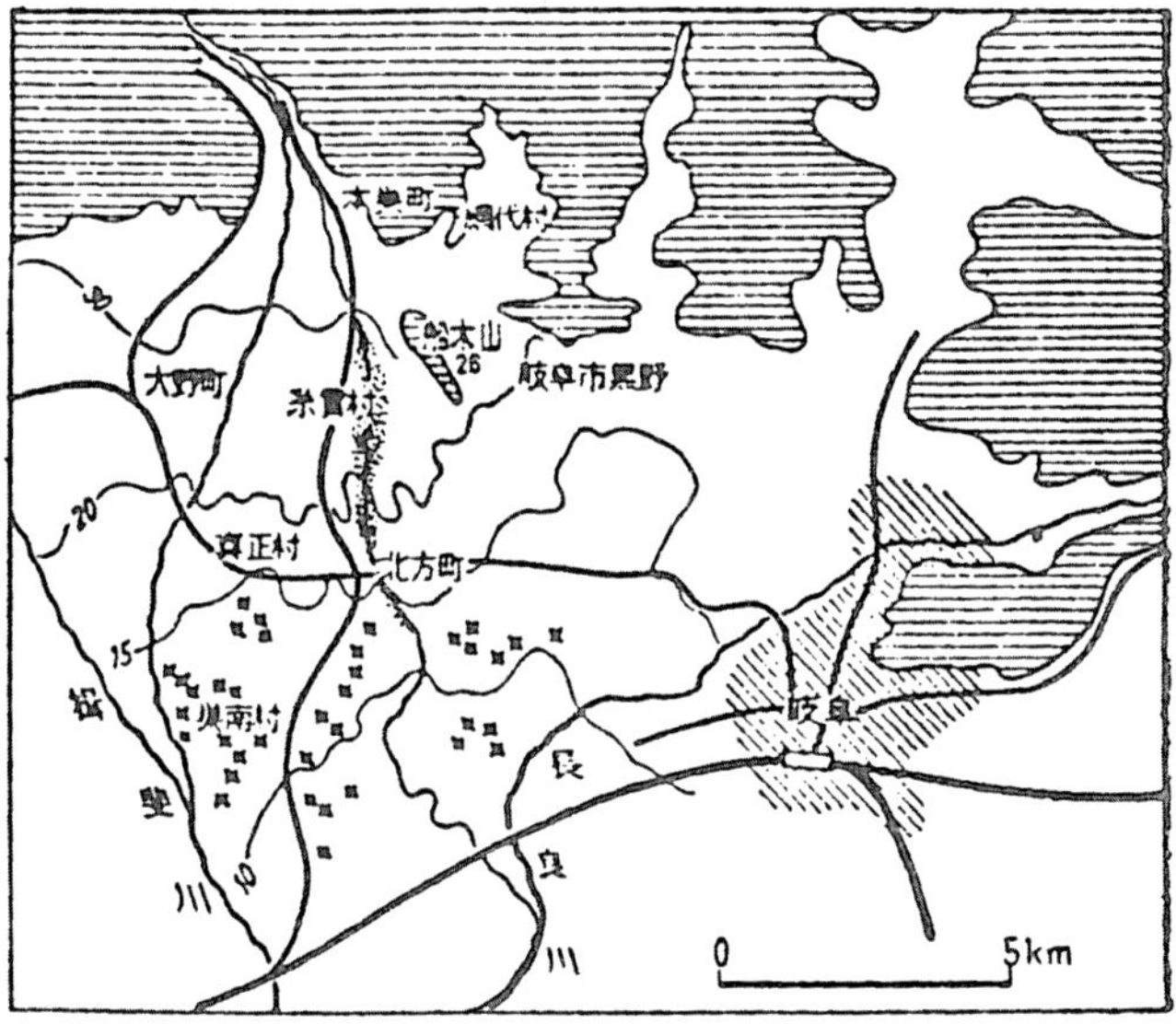

岐阜地方の富有ガキ栽培地
根尾川扇状地の扇項は海抜約40m

みたい。

　岐阜県のカキの栽培地は主として美濃《ママ》平野に多く分布し、県下のカキ栽培面積の70％におよび、そのほとんどが富有ガキの栽培地である。このように富有ガキの栽培地の分布は、主として平野部に限られているが、これは富有柿の耐寒性が弱く、その経済的栽培には10月の低温や同月末の降霜は有害で、10月の平均気温16度、あるいは年平均気温15度あたりが、栽培の北限であることによる。ところで、岐阜県下の富有柿の主要栽培地は、美濃平野の中でも、主として根尾川によって形成された扇状地面発達している。これを町村別にみると、本巣郡巣南・真正・糸貫・網代・本巣の町村、揖斐郡大野町および岐阜市北部の旧西郷村（もと本巣郡に属した）・旧黒野村などの一帯である。このように富有ガキの栽培地が、おもに扇状地に展開するのは、その栽培に適合する条件が備わっているからである。すなわちカキの樹は、根を横に広く張るだけでなく、深く地中に伸ばすので、土層は深い方がよく、最小限およそ１ｍ以上あるのが望ましく、また土壌は排水がよく、かつ深層まで通気のよいことが必要で、地下水位は低い方がよい。したがって扇状地でも、地下水が湧出する「ガマ」の多い末端部に近いところでは元来地下水位が高いので適当でなく、富有ガキの栽培地は非常に限られており、下流の三角州地域ではさらにその傾向が著しかった。

　ここにあるように、根尾川に発する扇状地の一角、席田村郡府から始まった富有柿づくりは、扇状地の中でも栽培に適した土層の深い地域に広がっていった。ところが、本家本元、発祥の地「居倉」のある巣南村は扇状地の末端部で、ガマ地や低湿地の多い土地柄のため富有柿づくりには適していない。

例えば、『巣南町史』には、明治初めごろの居倉は、耕地約47町歩（ヘクタール）のうち、二毛作田が約８・６町歩でわずか18％ほどに過ぎず、４町歩あまりがガマ地、などと記述されている。そのガマ地と低湿地を合わせると27町歩強で、水田面積全体の約60％を占めていたのである。

したがって、巣南村では昔から水田の用水路に沿う畔《あぜ》に柿を植え付けたり、水田では用水の不足するような場所に溝を掘って畑地化を図り、富有柿の苗を植え付けたりしていた。居倉に残る富有柿の母木も、屋敷に隣接する少しでも地下水位の低そうな場所に生き続けているのである。

昭和40年代になって、土地改良事業が始まり、用水路と排水路が分離された。湿田の乾田化が実現し、ガマ地は暗渠《あんきょ》排水がはかられ、水田に畑作物を作付けできるようになった。折から、米の消費が減る中でいわゆる「減反政策」が採られ、土地改良事業は果樹広域濃密生産団地の指定を受け、柿の植え付けに集団的に取り組むこととなった。稲の栽培さえできないガマ地に富有柿の畑が広がっている姿は、当時を知る者として深い感慨を覚える。

富有柿の栽培には適地とはいえない巣南村にあって、ほんのわずかだけあった微妙な適地に発祥した富有柿。それが大規模な土地改良事業のおかげで、80町歩以上の富有柿の栽培が可能になり、生産者の生活を支えてくれた。富有柿の産地化を最初に達成したのは郡府だが、色・味において母木の品質に近い富有柿がここ瑞穂市でもつくられ続け、全国で賞味されているのである。

発見者の福嶌才治をはじめ、普及拡大にかかわった全ての人々に感謝である。

世界に広がる富有柿

栽培面積の推移

苗木の生産・販売努力、そして高まる一方の富有柿の人気と名声とが相まって富有柿は甘柿の主力品種の道を邁進した。

県内において富有柿は、大正15（1926）年には明治40（1907）年の3倍、昭和14（1939）年にはなんと7倍と、飛躍的に栽培面積が拡大した。しかし、太平洋戦争が勃発し、食糧増産のために富有柿は伐採を強いられ栽培面積は大正時代末期の規模に激減した。

戦後の食糧難が徐々に収まりつつある中で、昭和26（1951）年ごろから富有柿の栽培面積は再び拡大し始めた。

さらに昭和30年代になると、折からの米の減反政策により富有柿への転作が急速に拡大し、昭和36（1961）年には戦前の最大面積を追い越した。その政策の基本は柿苗を一反（10アール）に栽植すると5万円の補助金を5年間支給するというものであった。旧巣南町における昭和51年の富有柿栽培面積は80町歩に達し、生産額はコメに次ぐ額となり、発祥の地にふさわしい産地となった。

しかし、平成期を迎えると、残念なことに後継者不足などもあり、栽培面積は昭和35年以前まで減少しているが、ブランド柿としての人気は全く衰えを見せず、今でも銀座にある有名な果物屋では、2L程度の中サイズで1個なんと1500円で売られている。

こうした富有柿を中心とする甘柿の栽培面積の拡大を統計の数字から見てみよう。

富有柿の登場以前から『岐阜県統計書』に記録されている柿の栽培について、本数・面積を拾って、

柿の栽培面積の推移

年号	年	西暦	甘柿作付面積（町）	渋柿作付（単位…不揃い）
明治	32	1899	82	120101 本
	35	1902	106	132506 本
	40	1907	108	59991 本
	45	1912	131	55875 貫
大正	5	1916	183	60432 貫
	10	1921	238	59609 貫
	15	1926	365	49815 貫
昭和	5	1930	503	89533 貫
	10	1935	716	52816 貫
	14	1939	757	81418 貫
	20	1945	421	以下記録なし
	25	1950	390	
	30	1955	820	
	35	1960	1766	
	40	1965	1910	
	45	1970	1860	
	49	1974	1940	
	50	1975	1810	
	55	1980	1850	
	60	1985	1890	
平成	元年	1989	1830	
	5	1993	1740	
	10	1998	1660	
	15	2003	1630	
	20	2008	1500	
	25	2013	1360	

明治32年～昭和14年の作付面積は、120本／反で面積に換算

５年おきにその変遷を調べたところ、表の結果を得た。

明治９（１８７６）年から明治31（１８９８）年までは柿についての統計がない。明治32年は甘柿が９万８９４９本、渋柿は12万１０１本とある。本書冒頭でも紹介したように、当時は生産農家が自家用で消費する割合は甘柿、渋柿共に５割を占め、残りの５割を販売したようだ。流通・販売に回した柿の栽培面積は甘柿だと、県全体で10町歩前後と見られる。

統計書では、明治32年から昭和14（１９３９）年までは樹数で示されている。昭和15年のデータはなく、昭和16年からは面積（反・アール・ヘクタール）で示されているが、町に換算した。おおよその増減を知るために、明治32年～昭和14年の樹数は１反当たり１２０本が平均的とされているので、その割合で面積（反）を算出し、町（小数点以下切捨て）で表示した。なお、昭和20年以降は実際の面積で表示されている。渋柿の記録はない。

世界で愛される富有柿

最新の統計調査によると、富有柿は甘柿の中でシェア約６割を占め、２位の「松本早生《わせ》富有」などを圧倒し、まさに「柿の王様」の地位をほしいままにしている。産地は西日本が中心で、岐阜県、奈良県、

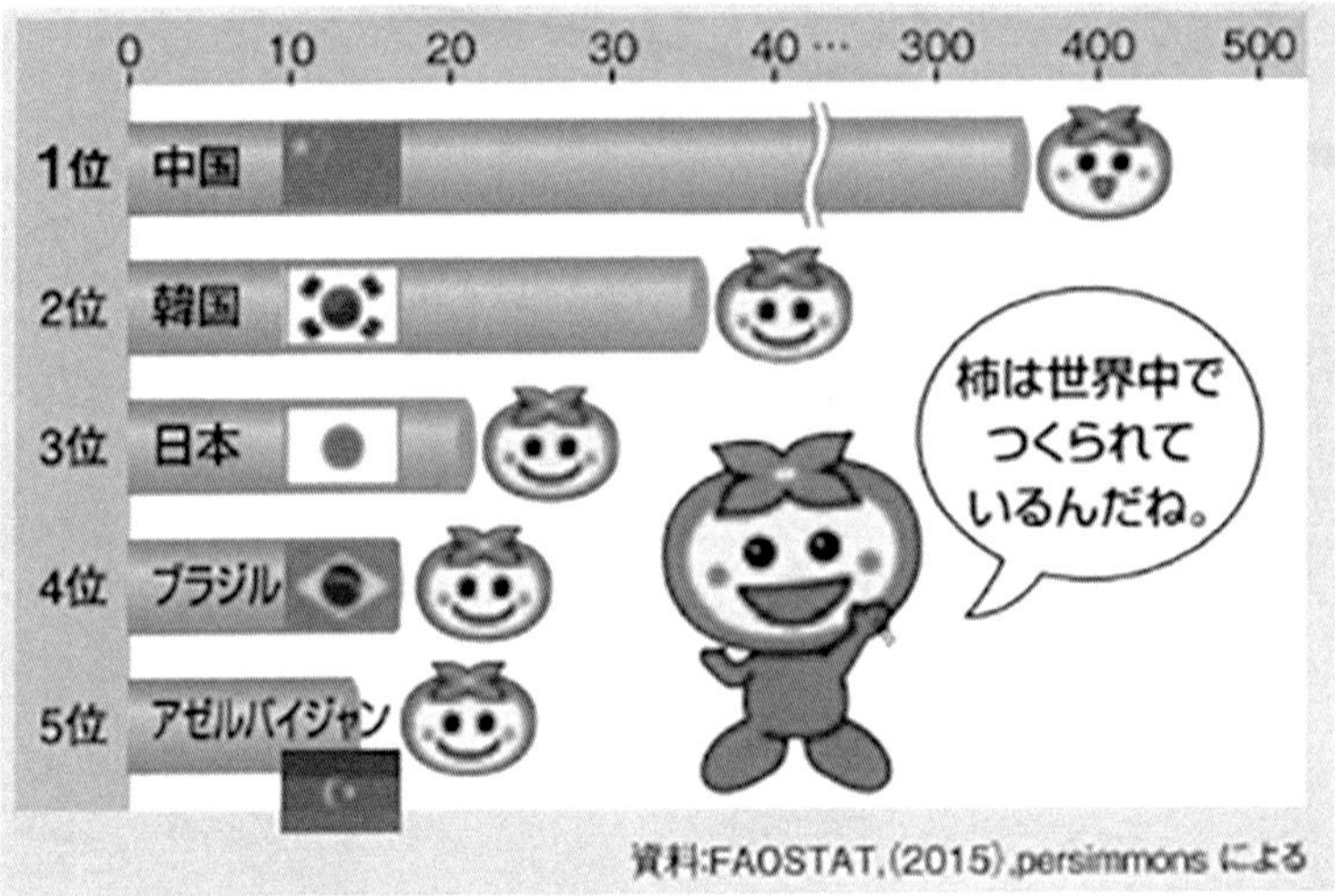

世界の柿生産量ランキング（瑞穂市のＨＰより）

福岡県が三大産地である。いささか残念なのは、本家本元でかつてはトップだった岐阜県が現在では三番手に降格してしまったことである。

一方、富有柿も含めた柿ということで世界に目を向けると、わが国の柿の生産量は伸び悩み、世界3位に留まっているが、全体では右肩上がりで増加している。平成25年時点で、甘柿と渋柿を合わせた柿の生産量は、世界で約４６０万トンに上り、30年あまり前の昭和55（１９８０）年の約１００万トンに比べ４．６倍となっている。

柿生産が盛んな国の平成25年時点の生産量は、１位が中国で３５４万トン、２位は韓国の35万トン、３位日本21万トン、４位ブラジル17万トン、５位アゼルバイジャン14万トンなどとなっている。

１位の中国を除き、２位の韓国、４位のブラジルなどでは富有柿が積極的に導入され、世界でも広く栽培されるようになっているという。

＊政府統計平成28年産特産果樹生産動態等調査、国際連合食糧農業機関（ＦＡＯ）のデータベース、瑞穂市商工会作成「瑞穂の宝もの『柿色彩々』」から構成した。

第4章　富有柿づくりの現在

柿生産の現状

富有柿発祥の地、瑞穂市は現在でも県内で最も柿づくりが盛んな地域の一つである。柿畑がここかしこに広がる景色は今も昔もさほど変わっていないだろう。ただし、柿づくりについては機械化の導入や栽植技術の進歩により大きく様変わりしている。

例えば、昭和の初めごろまでは10アール当たり１２０本ほどの柿の木を育てていたが、現在は同じ面積で比べると、成木になった時点で30本前後になるように栽植している。植栽密度は4分の1、つまり、一本一本の間隔が4倍に広がり、それぞれお隣の木までは約6メートルと、実に「ぜいたく」に地面を占有しているのである。

柿の実からすれば、広い地面からたっぷりの栄養が届き、さんさんと降り注ぐ太陽の光も存分に受けられ、風通しも申し分ない。すこぶる良好な生育環境で育まれた富有柿は、年を追うごとにおいしくなっているはずである。

しかしながら、それが販売利益に結びついているかというと必ずしもそうではない。ここ10年間の平均キログラム単価は、２４６円（最安値１６４円～最高値３７８円）で、その直前の10年間の平均２４８円（最安値２０５円～最高値３７９円）とほぼ同じ水準にとどまっている。各種資材費などが高騰し、農業経営費が増大する中、いかにして収益を上げていくかが今後の課題である。

品種構成としては、8割以上を「富有柿」が占め、1割程度が「松本早生富有」となっている。ピーク時には、全出荷量の2割を占めた「西村早生《にしむらわせ》」については、販売価格の低迷から徐々に他品種に切り替わり、平成24年からは共同出荷がなくなった。

「西村早生」に代わる品種として、「早秋」（早生の甘柿）や「太秋」（早生の次に収穫される甘柿）への更新が徐々に進み、平成17年から出荷が始まった両品種の生産が着実に増加してきている。早秋は10月上旬〜中旬、太秋は10月上旬〜下旬に出荷期を迎え、ここ10年間の平均キログラム単価は、早秋が377（287〜497）円、太秋が378（264〜564）円と、堅調な価格で取引されている。

瑞穂市柿振興会

瑞穂市柿振興会は、穂積町と巣南町が合併して瑞穂市が誕生した翌年の平成16（2004）年5月、前身の巣南町柿振興会を引き継ぎ発足。市内に居住地または農地を有する柿栽培者が会員で、柿の生産向上及び出荷の合理化を図り、柿づくりの振興に寄与すること。併せて会員相互の柿栽培技術などの情報交換並びに親睦を図ることが目的である。現在会員は約270人。市内全体の柿栽培面積、約85ヘクタールの8割を超える69・8ヘクタールが会員の柿園である。

瑞穂市柿振興会の活動を具体的に紹介する。

1・柿の共同選果・共同販売

瑞穂市柿振興会の一番大きな事業である。

会員がJA巣南果実共同選果場に出荷した柿は、形状・着色・大きさについて、統一された規格で選

巣南柿技術研究会主催の収穫体験

選果場

果員と選果機によって選果選別される。これにより柿の品質が統一され、市場や消費者に信頼され価格向上につながるのである。さらに全農を通して共同販売することは、各市場へ出荷調整をして価格の安定化を図ることになる。会員はより優れた柿の生産と家庭選果の徹底に専念でき、柿づくりにおける負担軽減となる。

2．剪定・摘蕾等栽培技術の研究指導

柿栽培の中で重要な作業である摘蕾《てきらい》摘果、整枝剪定《せんてい》技術をしっかり身に付けるために毎年、全会員を対象に瑞穂市内4カ所で研修会を開催している。講師は県普及指導員にお願いしている。毎年、研修会を実施することにより会員の栽培技術が向上し柿の品質が向上していくことで、生産者の生産意欲向上にもつながる。

3．柿の収穫体験

特産である富有柿の収穫を楽しんでもらうことで、富有柿発祥の地のこと、富有柿のおいしさを知ってもらいたいということで毎年、実施している。当初は小学3年生から6年生までの親子を対象として行っていたが、最近では市の新入職員や地元大学生も地域を知る活動の一貫として参加している。富有柿発祥の地のこと、富有柿の栽培、販売の話など幅広く富有柿を理解して

もらえるようにしている。

4．巣南柿技術研究会

この会は瑞穂市柿振興会の下部組織として、昭和57（1982）年に発足した。会の目的は規約第1条で「かき栽培技術の交換及び調査研究して会員相互の果実生産性の向上並びに果実総生産の増大を図ることを目的とする」と記している。

初代会長は、岐阜県飛騨美濃特産名人であった故増田義一氏、2代目は棚橋久男氏、3代目は澤山克治氏である。会員は現在、18名（平成30年度）であるが、会を卒業した方も含めれば延べ会員数は50名にもなり、瑞穂市の柿栽培の技術向上に大きな役割を果たしてきた。研究会の主な事業としては、第一に会員ほ場の生育調査がある。これは果実肥大、着果量などの調査で、これをもとに振興会の出荷予測データを作っている。また、栽培技術向上に向けた研修会も行っている。

5．学習園での栽培研修会、後継者育成を目的とした研修会

耕作者が高齢になり、柿栽培ができなくなったほ場を振興会が借り受け、学習園にしている。定年退職後に柿づくりを始めた方や女性などを対象に基礎的な学習会を開催してきた。学習園では柿1本を一人で担当し、ベテラン生産者の指導のもと、技術習得に努めている。

8年間開催された後、現在は基礎学習会として、年間2回程度の室内講義や実技講習を県普及指導員の指導のもと開催している。

女性も活躍「柿りん」結成

1.「柿りん」誕生のきっかけ

「柿りん」のメンバー

平成18（2006）年、柿振興会女性部が栽培講習や研修などさまざまな活動をしている折に、JAの職員の方から「柿は秋の収穫の時期しか収入はないけど、柿を加工して付加価値を付け、一年中収入が得られるようにしたらどうですか」と声をかけていただいたのが始まりです。また、平成20年、「瑞穂朝市」が誕生するのをきっかけに、柿女性部でも何か協力できないかと何回も協議し、「柿りん」を立ち上げ、富有柿の加工品を製造、販売することを決めました。「柿りん」という私たちのグループのネーミングは瑞穂市の柿のマスコットキャラクター「かきりん」から採ったものです。

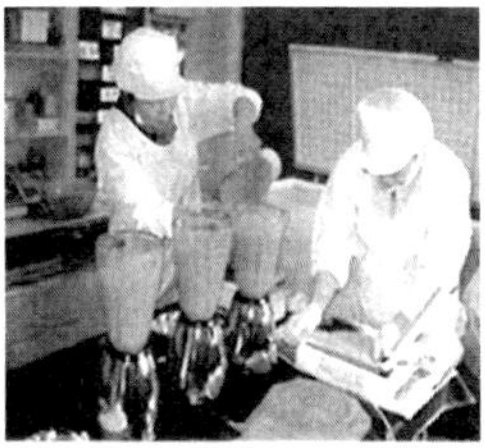
ジャムの制作風景

2. ジャムの試作

柿ジャムづくりの実験や試作を何度も重ね、一、富有柿発祥の地の瑞穂市柿振興会のクリーン農業の柿で、二、会員が育てたレモンと砂糖だけの、三、食品添加物を入れないという、三つのことにこだわったオレンジ色のとてもおいしい富有柿のジャムができました。

富有柿をベースにした各種ジャム商品

3．加工所の設立

瑞穂市には加工施設がなかったのでジャムを開発しても売ることができませんでした。販売をするには地域の保健所の許可のある加工施設が必要となるからです。困っていたところ、ご縁があって「農事組合法人　巣南営農組合」の理事長さんから、巣南営農組合の倉庫にあった勝手場をお借りできることになり、勝手場を改造して加工施設ができました。また柿生産部門の組織と加工部門の組織に分け、平成20年9月22日、設立総会を開いて「柿りん」が誕生しました。

4．商品開発と販路の拡大

立ち上げ当初は、富有柿のジャムは一種類だけでした。他県のジャムの加工グループなどを視察した折、「進物箱には何種類かのジャムが入っていたほうが良い」とアドバイスをいただき、瑞穂市産のイチゴやレモンのジャムづくりの試行錯誤を繰り返し、商品開発をしました。

平成26年度には、公益財団法人「中央果実協会」の「果実加工需要対応産地育成事業」によりパッションフルーツ入り柿ジャムを1年がかりで商品開発しました。販路の拡大では、会議に出かけるたびにパンフレットやジャムを持参して配布したり、新聞やテレビの取材は絶好のＰＲのチャンスととらえ、会員みんなで対応したりしました。

岐阜市を中心に異業種交流をしている明樹会にも参加し、月1回の会合では、さまざまな分野の皆さんと意見交換を行っています。

多方面にわたりいろいろなイベントにも参加をして、富有柿の発祥の地の話、ジャムの食べ方の提案をしながら一生懸命に取り組み消費宣伝に努めました。

また、「柿りん」ではジャム製造に関する瓶や缶の製造許可のほか、菓子製造業の許可も取得し、イベントにおいて、ジャムと共に柿の蒸しパン「柿づくし」、柿のドーナツ「柿りん玉」を販売しています。さらに夏菓子として柿わらび餅、柿寒天入りあんみつを商品開発して販売を始めました。

５．お店の方からのアドバイス

作り手の思いだけではなく、委託販売をしていただいているお店のアドバイスにより商品ごとにジャムのラベルの色を変えて、お客さまに分かりやすく識別ができるように改善をしました。

懸案のパンフレットについては、富有柿のジャムとパッションフルーツ入りの柿ジャム、そして「柿りん」のジャムのラインナップの２種類がやっとできて、お客様に分かりやすくＰＲができるようになりました。

６．「柿りん」の成長と今後

会員皆が和をもって、安定した商品作り、販路の拡大、新商品の開発、柿の生産に精一杯取り組み、おいしい柿を消費者の皆さんにお届けして「柿りん」が少しでも富有柿産地のＰＲや、瑞穂市の農業振興の一助になれるよう取り組んでいきたいと思います。

７．感謝の心を持って

「柿りん」が誕生して、今年で10年になります。農林事務所や市役所、ＪＡ、柿振興会、加工施設をお借りしている巣南営農組合の理事長さん、会員の家族、大勢の方々からのアドバイスやお力添えをいただき、「柿りん」の運営ができています。「柿りん」の会員一同感謝の気持ちでいっぱいです。

柿栽培や孫の世話、両親の介護など、それぞれ家庭の事情がある中でも、会員7人が役割分担をして助け合い、力を合わせてより大きな力を発揮し、「柿りん」の活動が継続できています。これからもさらなる努力を積み重ねていきたいと思います。

8．飛騨・美濃すぐれものなどに認定

飛騨・美濃すぐれもの認定（平成21年）
日本農業新聞一村逸品認定（平成22年）
岐阜県観光連盟推奨観光土産品認定（平成23、25、26年）
全国推奨観光土産品推奨（平成25、28年）
岐阜県観光連盟推奨観光土産品審査会奨励賞（令和元年）

9．「柿りん」概要

富有柿ジャムの取引先（令和元年8月現在）
県内　瑞穂市学校給食、吉野屋、エリザベス、斎藤ベーカリー、JAぎふ巣南選果場、JAおんさい広場、ペパーミント、とらいあんぐる、岐阜グランドホテル・ホテルパークみなと館、鵜匠の家「杉山」、松本屋、ちこり村、湯の華市場、磨墨の里
県外　名古屋市「オアシス21」内「ギフッ プレミアム」
会員数7名

柿ジャムと柿ペーストの加工量　年間約５００キログラム

産地の課題と今後

瑞穂市柿振興会では、生産者の高齢化・担い手不足に伴い、産地の縮小が懸念されるなか、産地の継続に向けた体制づくりなどの検討材料とすることを目的に、平成26年秋、会員２５０名に対してアンケート調査を実施した。

１９２名から回答を得るとともに、多くの意見が寄せられる中、アンケート結果から浮かび上がった産地の課題と対策について以下の通り取りまとめた。今後は実効性のある具体的方策を模索・提示し、瑞穂市の柿づくりを将来にわたって牽引していきたい。

（１）瑞穂市の中・西地区を、柿生産を維持する地域に位置付け、生産環境を守っていくための方策を打ち出していく。

（２）貸出・作業委託を希望する農地を地図化、農地を借り受けたい生産者をリストアップし、両者を組み合わせることにより、柿栽培を守る体制づくりを進める。

（３）後継者・新規就農者を育成していくため、担い手支援対策に取り組む。

（４）高齢者・女性にも安定した生産が可能になる省力栽培技術を確立する。

（５）直売所での販売に加え、地元イベントへの出店、学校給食用の食材の提供など地産地消の取り組みを拡大し、柿価格の安定と農業所得の向上を図る。

（６）柿の果色を向上させる新技術を導入する。

（7）市街化区域での栽培管理が、年々難しくなってきているため、その対策を検討する。

このようないくつもの課題を抱える中、平成30年には、明治31（1878）年に富有柿と命名されて120年目の年を迎えた。時代の荒波に遭遇して何度か浮き沈みも経験したが、富有柿発祥の地での柿づくりは何とか今日を迎えることができた。しかし、後継者問題など困難な課題は目前に迫っており、新たな模索や挑戦が求められている。

座して展望を拓くことなどできない！

そうした認識は当然、柿づくりの現場の誰もが共有しており、市内の生産者の中からもいくつか新機軸が打ち出されている。

ポット柿とソーラー発電を組み合わせたソーラーシェアリング方式の柿園

そのうちの一つを紹介しよう。

土屋正智氏が瑞穂市十九条で経営している「土屋農園」である。ここは、地上3メートルの高さに太陽光発電所を設置し、その下に「太秋」という品種のポット苗数百鉢を置いて、売電と柿生産の両方から収入を得る瑞穂市初の「ソーラーシェアリング方式」の柿園である。初期投資が大きく、よほどの見通しがないと着手には二の足を踏んでしまいそうだが、再生可能エネルギーの定額買い取り制度により借入金の返済には目途《めど》がついているという。

本来の柿づくりについていえば、この農園が取り入れる以前から市内のいくつかの柿園で採用しているポット柿栽培に注目したい。生産効率や品質向上効果の面で、鉢植えで自動灌水してつくるメリットは見逃せない。生産農家の高齢化を見据えると、ポット柿栽培は全てが軽作業であり、手間がかかって体力も必要な従来型の柿づくりに新たな選択肢を加える可能性もある。

こうしたソーラーシェアリングやポット栽培以外にも、糖度が果物最高レベルの新品種の栽植や富有柿の海外輸出といった試みも近年実行に移されている。

福嶌才治が富有柿と命名するにあたって知恵を授けた教育者久世亀吉は「真に価値あるものは広まり生き残る」とこの柿の名前に将来への期待を込めた。

富有柿がまさにその願い通りの道を歩み続けている中、われわれは富有柿の品質をさらに向上させる努力を惜しんではならない。その上で、他の産地にも増して栽培法や省力化、新商品の開発、販路の拡大などさまざまな取り組みに挑み、富有柿発祥の地にふさわしい発展をこれからも持続させていきたいものである。

第2部　富有柿と人々

第1章　富有柿栽培者の思い

第1部では富有柿の誕生から現在まで歴史をたどってきたが、ここからは富有柿に関わりのある人たちを中心に記していきたい。まずは担い手から。

瑞穂市内で柿生産に取り組んでいるさまざまな立場の生産者5人に富有柿づくりに対する思いを聞いた。久世清司氏は柿づくりで岐阜県の飛騨美濃特産名人に認定された増田義一に師事した篤農家。他の4人も現在、自ら直接柿づくりに取り組んでいる産地を代表する生産者である。

マイカ線で吊り上げ支えられている富有柿の枝

柿づくり30年～いちばん辛かったこと～

十八条　久世清司　1944年生まれ

柿づくりを始めたのは、40歳ころ。父は会社勤めで、農作業はほとんどできなかった。近くの木工所勤めをしながら片手間に柿づくりを始めたころ、古橋のTさんから「お前の柿畑は焚き物づくりだ」と言われた。立ち上がった柿の木が低くなるように剪定《せんてい》の仕方を教わった。

その後、十八条の増田義一さんから本格的に剪定の仕方を教わった。手始めは「剪定はどこから始めるか」だった。主枝は3本か4本とし、剪定は主枝の先端から始める。木を低くすると主枝の先端が下がってしまうようになった。支柱を立てて支えたり、中心にポールを立ててマイカ線（農

捻枝が施されている枝

業用のビニールひも）で吊り下げたりした。今の樹形にするのに３年かかった。

木が混みすぎていると言われ、毎年、全体のうちの２本ないし３本ずつ間伐し、10アール当たり30～35本にした。主枝１本に90個の柿をならせると、主枝３本の木から２７０個が採れる。10アール当たり30本で８１００個を目標にした。

２Ｌ以上が70％、赤秀は50％を超えている。色も形も優れている「赤秀《あかしゅう》」60％以上を目指しているが、その年その年の気象条件に左右されている。良い年で正品と格外比は７対３である。

柿づくりにやりがいを感じるようになったのは、だんだん大きい柿が収穫できるようになって色も味も良くなり、買い求めてくださる人が年ごとに増えてきたころだった。手応えを感じるようになり、リピーターの方も「この柿はうまいから」と褒めてくれるようになった。うれしかった。こうした褒め言葉を耳にする瞬間が、柿づくりに対するやりがいを最も感じるときである。

柿づくりは晴雨にかかわらず毎日仕事がある。

柿に傷がつかないように柿に触れている葉を取り除く。下降した枝を吊り上げる。枝の根元近くで捻《ねじ》る「捻枝《ねんし》」をかけて上を向いている立ち枝を横に寝かせる。この作業は雨降りが良い。雨の重みで横に寝かせた枝が起き上がらないのである。主枝より上に立ち上がった枝の柿は大きくならない。捻枝は生理落下防止にもなる。雨の日は柿畑に水たまりができないように水を流す作業を行う。

柿づくりをしていて最も辛かったのは、病気で入院したときだった。入院中はこのような日常的な世話がまったくできない。心配で心配で病院から逃げ出したい思いだった。このときが一番辛かった。

柿づくりで欠かせないのは、肥培管理である。砂地では3月に元肥柿1号を20キログラム×２、７月に菜種粕20キログラム×２、そして10月には礼肥柿2号20キログラム×２を施す。粘土質畑はおのおの同時期にそれぞれ20キログラム増量している。防除は瑞穂市柿振興会の栽培暦通りに実施している。10アール当たり４００リットル。粗皮削りは高圧洗浄機で実施した後に枝の付け根の粗皮を手作業で取り除くことが大切な作業であり、虫のすみかをなくすために欠かせない。毎年実行している。蕾《つぼみ》を摘み取る「摘蕾《てきらい》」は5月上旬に行うが、ポイントは日焼けを避け、枝で傷が付かないよう下向き、外向きにし、枝元よりは先端の方の蕾を残す。下草はある程度伸びても気にしない。それよりは木の方に手をかけるようにしている。特に主枝先端が下降すると樹勢が衰える。年中主枝の先端を一番高く保つことに力を入れている。

平成28年産の柿の収入は今までで最高であった。共同選果の方針を変えたことも影響したと思う。しかし柿づくりで生計が成り立つ収入がなければ若者の柿づくり就業を期待できない。生計が成り立つ農業の仕組みづくりは個人ではできない。

給料制で後継者に繋ぐ

七崎　鹿野克彦　１９３８年生まれ

父は今の住まいの七崎で水田96アール、梨30アール、それに約10アールの柿をつくっていた。父の後を継ぐ心づもりで岐阜農林高校へ進学した。卒業前年の秋、品評会を学校帰りに見学した。十八条の2人が入賞していたが、七崎から入賞した人はいなかった。

そのころ、七崎では柿栽培技術が確立されておらず、桑畑と同じ栽培の仕方だった。桑の木の場合、根の張りをよくするため夏になると木と木の間の畦《うね》を耕す中耕という作業をしていたが、柿についても同じように行っていた。それが当時の作業形態であった。ある日、トマトの苗づくり用の温床を埋めるために柿の根元の土を使ったら、その木だけ柿は落果した。父は柿づくりには中耕のような作業は必要ないのではないかとそのとき気付いたようだ。

終戦まで桑畑と同じ手入れをしていた。本家の柿畑10アールで3000個しか袋がけできない年もあったと父は言う。現在なら10アールの柿畑なら8000個は採ることができる。

戦争により、米や豆、芋などの食糧を増産するために強制的に3割の柿を伐採させられた。当時、父は小さな畑3カ所で計10アールの柿を栽培していた。父は3割の柿を伐採しなかったので、村役から叱られたと言っていた。

昭和40（1965）年に用水井戸ができたが、元々、水路がなく雨水に頼っていた末端の水田には何の恩恵もなく、さらに水不足に陥ってやむなくその10アールの水田に柿を植えた。（このような、用水が十分来ないため雨水で米を作っている田んぼや畑向きの田んぼを「お天水田」といった）。

昭和44年から数年かけて土地改良事業が実施され用排水が分離された。これにより転作が可能になり富有柿を中心に柿を植える農家が増えた。米作りをやめ転作をした農家には転作奨励金として10アール当たり5万円を5年間支給された。この制度を利用してわが家は95アールの柿栽培農家になった。

私は柿栽培の技術を身につけるために岐阜市又丸にある岐阜県農業試験場（現岐阜県農業技術セン

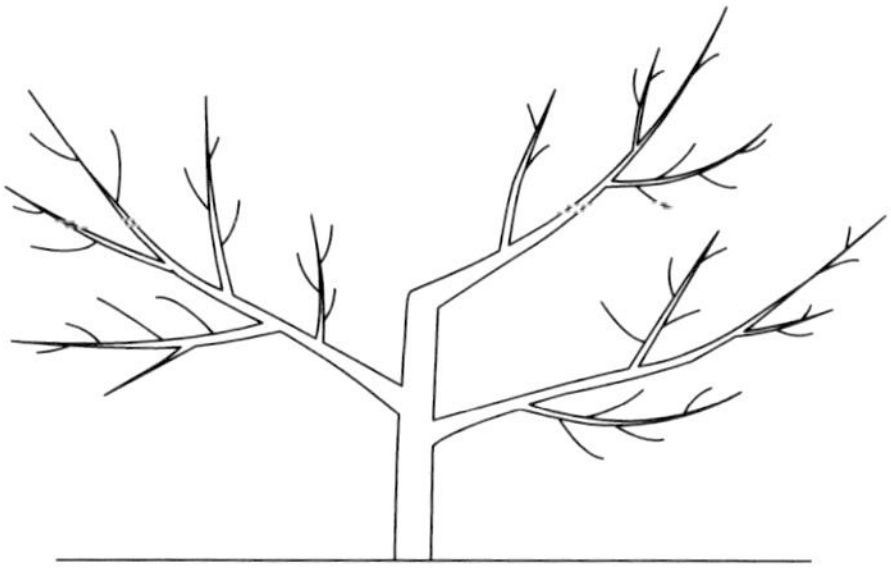
開心自然形仕立て

ター）の技術講習会に参加した。高校を卒業した年の12月に柿の剪定を初めて行った。それまでも学校の帰りに講習会に参加し剪定の仕方も習ってきていた。講習で学んだことを生かし、ある程度木が伸びるままに任せる「高木仕立て」を実行したところ、そのときから柿がよくなるようになった。それまでは枝を短く刈り込んで密に植える「盆栽仕立て」であったが、真上に伸びる枝が乱立して果実は表面近くに実るのみだった。これらの結果を受け、作業がしやすく、実の日当たりもよい「開心自然形仕立て」（低樹高仕立て）にしたらさらに結実がよくなった。

トマトやキュウリの露地栽培は手間がかかる上に体力的に高負担となり、土地改良を境に柿と梨を増やした。以来、今の規模の経営を続けている。柿栽培技術の改良により市場の評価が高まり高価で売れるようになった。その後、十数年経営は安定していた。バブルの崩壊とともに収入は下降してきたが、なんとか維持できている。これは、息子が後継者としてがんばっているおかげである。

面積に応じて課税する標準課税制から収入課税に切り替えられた平成19（２００７）年、家族経営のどんぶり勘定を給与制にした。息子と家内を従業員とし、私は事業主として経営が成り立つように努力した。しかし、今は息子に月14万円、家内に７万円を支払うのが精いっぱいで事業主として情けない思いでいる。息子の３人の子（孫）はすでに社会人として働き、農家の後継をする者はいない。家族の生活を安定させるためには、主力の柿・梨の直売を増やすなど経営力の向上に努めている。

直売で成功するには、味を中心に良品質の果実を生産することが経営の基本である。そこで肥料をはじめとする栽培管理全般について大切にしていることを記しておく。

第1に、収穫の省力化のために低樹高仕立て《ていじゅこうじた》にし、はしごの使用が少なくてもすむようにしている。

次に大切にしているのは、柿畑全体のバランスである。県農試の指導に基づき、10アール当たりの結果母枝を6400本とするようにし、木の栽植本数は10アール当たり35本を限度にしている。また、主枝および亜主枝の先端が一番高くなるよう常に心がけている。

これに加え、幹の太さと結果母枝（花芽から次の枝を伸ばして花を咲かせ、結実する枝）の数の関係を示す基準を作った。この基準は5アールの柿の結果母枝を1本ごとに全て数え、その木の幹の太さを計測して基準値として提示したものだが、試験場の数値とほぼ一致したのでこの考えが間違っていないと確信した

スピードスプレーヤー

第3に、肥料は「チキンパワー」や菜種かすなど有機肥料を中心として振興会の栽培暦と同じようにしている。防除については、昔はボルドー液と比酸塩を使っていた。柿の大敵のヘタ虫が防げないため袋掛けをしてヘタ虫の侵入を防いだ。昭和30年代までは炭疽病とヘタ虫が面積拡大の阻害要因であった。そこにジネブ剤（ダイセン）・MEP剤（スミチオン）が出現し、炭疽病とヘタ虫の防除に成功。柿づくりが容易になり、加えて乗用防除機SS（スピードスプレーヤー）の導入により栽培面積の拡大を可能にした。
最近よく考えるのは、柿づくりにもポイントになる技があるということである。これを伝えていかないと昔の桑栽培に戻ってしまう可能性も

ある。柿栽培の経営を主体としつつも息子が作業の主力を担ってくれるおかげで柿研究会などの講師として活動できる。技を伝えることができるうれしさと、頼りにされていることで、自分の生きがいを感じるこのごろである。

柿のおかげ

十八条　林喜美子　１９４８年生まれ

南国・宮崎から専業農家に嫁いでそろそろ50年。20歳のとき、モジモジしながらお見合いをし、21歳で結婚。昭和58（１９８３）年の冬、２人の娘が5歳と2歳のとき主人は突然に帰らぬ人に…。義母は66歳、私は35歳だった。その頃、全国に向けカタログ販売の種苗業も営み、水田30アール、柿園80アールの営農をしていた。落胆の日々が続いたが、親しい友人や近隣の先輩方に多くの励ましを頂きながら目の前の山積みの仕事が少しずつこなしていけるようになった。

14年間の結婚生活の間に柿園の経営管理は習得できていたので、剪定の技術もおぼつかないながらも困ることはなかった。今では1年を通しての作業で剪定が一番楽しい。ちらつく雪の日でも家を出ていくことは苦にならない。主人は増園を計画していたので、予定通り新植をして柿園を１１０アールに増園。幼い娘たちを育てるのと同じように新植の柿も育成してきた。

昭和62年、手作業の消毒が困難になり、２軒共同でスピードスプレーヤーを購入。これがわが家の機械化の始まりだった。今では珍しくないが、ファックス専用回線をひき、選果機（音声重量判別機）も入れた。地域ではいち早く乗用草刈機と低樹高果樹園専用のトラクターも導入した。

義父が残した営農記録を見ると、昭和10（１９３５）年、成木園で１１０アール。私と同じ耕作面積と知り、ささいなことだが義父に近づいていると実感。わが園には先の大戦が始まった昭和17年ごろ、主食増産のための強制伐採を免れた柿園が2カ所合わせて約20アール分そのまま残されている。そこにある柿の木は、現在、樹齢100年を超える古木だ。その園の柿で、義父は昭和30（1955）年に農林大臣賞を受賞している。そんな時代に大きな賞を頂いた義父の柿に懸ける情熱を思いながら、私も40歳となり……、50歳となり……。義父への感謝の気持ちを持ち、恥ずかしくない柿づくりを……、と目標にしてきた。

嫁いできたときから、贈答用の柿の出荷をしていた。バブル景気のころは贈答の需要も多く、600箱だった出荷量をいつの日か2000箱以上、反収100万円、全収1000万円と大きな夢をたて、少しずつ目標に近づくうれしい気持ちを農作業に向けた。

柿のおかげで一家を支えられ、娘たちの教育にも力を注ぐことができた。しかもその柿は、全国に誇る「富有柿発祥の地」の柿。その地元で営農できていること。研究と努力を惜しまずご尽力をされた先人に感謝、富有柿に感謝である。美しい色と形、美味な味、まさに甘柿の王様だ。主人と共に柿づくりをしていたころ、主人が見いだした柿づくり。昭和49年だった。そのときから、ずっと変わらず迷うことなく同じ方法で柿づくりをしている。

21年前義母が亡くなり、娘たちも成人し社会人となるころに、借りて耕作していた土地を返し、現在は80アール。残りはわが土地で、もう面積を減らすことはできない。毎年間伐をして、作業効率を高めるようにしている。体力は落ちる一方。この年齢になって思うことは、若かったらいつまでも柿づくりを続けたい。年をとっても体力が続けば続けたい。柿のおかげで暮らしが成り、柿のおかげで多くの異業種の方々と知り合い世間が広まり、長いお付き合いが続いている。

最後に、私は宮崎県川南町の出身。隣町から川南町に入る国道10号を走ると「川南合衆国」と大きな看板が目に入る。川南の開拓事業は3000ヘクタール以上の大規模なもので、福島県矢吹町、青森県十和田市と並び3大開拓地と称されている。全都道府県に加え海外からも入植者が来ており、学校ではフロンティア精神を育てる活動があった。

私も開拓農家に育ち、両親から受け継いだフロンティア精神、くじけない精神力のおかげで細腕でも頑張ってこられたのだと思う。四季折々、楽しみながら柿の手入れができた。最高の柿人生だと思っている。ただ、後継者がいないことが寂しい。虚無感でいっぱいになるときがある。でも、どうしようもない。あと少し、頑張ろう。

この木だけは枯らすな

居倉　小倉正剛　1954年生まれ

私は昭和51（1976）年に結婚して居倉での居住を始めた。父から「この木だけは枯らすな」と初めに言われた。この木とは、明治時代から受け継がれてきた富有柿の母木のことである。妻は町役場に勤め、私は会社勤務で営業を担当していた。岐阜市で生まれ、以降、農業の経験はまったくなかった。

20年ほど前に隣町の本巣郡真正町軽海（現本巣市）でポット柿園を見学して「これだ」と思った。妻に相談し、ポット柿研究会に入会して研究する中で、この技術は露地柿にも応用できると考えた。ポット柿のすばらしさに魅せられて勤めのかたわら「ポット柿振興会」に入会し技術習得に努めた。そして、ついに「柿で生きる」ことを決意し、26年間勤務した会社を退職する決心をした。柿で暮らしは成り立たないと妻は大反対であったが、父と母は「ウェルカム」、大喜びであった。

48歳で退職決断の根っこには、「この木を枯らすな」があり、それを守るのは自分しかいないとの自負があった。富有柿の母木を守ってくれと言い残した尊敬する祖父初衛の願いに応えねばとの思いもあった。

柿づくりに実際に取り組むようになって、なんとも辛かったことは、丸1年かけてつくった柿をカイガラムシによって真っ黒になった「すす果」だといって捨てる、あるいはヘタが実から離れてしまう「ヘタハゼ」とか、実に虫が這った「虫ねぶり」だとか、熟しすぎた「ヤワ」などといって捨てる……。これが辛く、納得できないことであった。そこで実った柿はすべて売るようにするべく対策を立てた。選果場では出荷できないものを売るために足でかせぐ、口でかせぐ、できることはとにかく実行した。

色は黄緑色だがサクサクして甘い太秋柿を岐阜市の飲み屋へ売りに行く。とにかく自分なりに努力して取り組んだ。これを続けているうちに、岐阜に変わった柿づくりをしている人がいると聞いた人が私を名指しでわが家へ訪ねてきた。こんなことから東京・銀座のデパ地下で、一部の柿がこちらの希望する値段で売れるようになった。

商品がいい加減ではいけない。自分の名前を出して自信をもって売れる柿をつくらないといけない。それと買い手に対して私と取り引きをして不都合はなかったかと聞く。不都合がなければギブアンドテイクだから単価をどう決めるか、取引量をどれだけとするか、これは必ず最初に話し合う。このとき大切にしていることは、柿を売る前に自分を売れということである。買い手との人間関係が信頼でつながっていることを最も大事にしている。

買い手である客に喜んでもらえる柿づくりで肝心なことは品質管理の徹底である。色・見栄えをよくするとおいしそうに見える。気をつけていることは、次の5点である。

①　早採りは厳禁である。良い色になるまでじっくり待つ。色がのれば味ものる。
②　間伐して木と木との間隔をあける。柿の木全体に日当たりを良くする。枝の量を制御して風通しを良くする。
③　雨が6日間降らなければ散水する。そのために井戸を掘り、ポンプを設置して水やりを自動化したチューブかん水を実行した。
④　柿の木に毎日挨拶に行く。折れそうな枝は支柱で支え、実がほかの枝葉とこすれないように枝を誘引する。下がりすぎた枝を紐で引き上げるなど、柿の木の身になって工夫しながら作業する。
⑤　味は肥料の種類と関係する。3月に元肥として果樹化成（機）1号を10アールあたり60～80キログラム、7月初めに有機肥料40キログラムをやる。

以上の他にも防除や剪定、粗皮削り、摘蕾、摘果、除草などさまざまな努力を1年中継続し、台風などの自然災害にも気を使いながらやっと収穫できた柿はすべてお金にしたい、役立てたいというのは農家の当然の思いである。柿はうそをつかないと信じて自分の努力の結晶はすべて売る。この終わりのない挑戦には常に工夫が大切である。

最後に、枯らしてはいけない富有柿の母木の管理について述べる。

①　老木なので先端を上げて折れないように支柱を立てる。上部には着果させないようにして樹勢の維持に努めている。
②　最近急増している樹幹害虫防除は特に重視し観察を欠かさない。

③平成10（1998）年、下水管を埋設するとき、母木の太い根が道路の真ん中から出てきた。切らないでと頼んだら、スコップで手掘りをしてくれた。切断を免れた。偶然とはいえ、この場面に出くわしたのは日常的に気遣っていたご縁と感謝しほっとしている。

④冬期には、粗皮削りを終わって剪定をする12月に市の商工農政観光課に連絡し、県の普及指導員の指導を受けている。

⑤母木は市の文化財指定を受けているが、母木の保護に最も適する方法は何かさらに研究が必要である。

⑥日照りが6日続くときは庭先のホースで水を撒《ま》いている。

⑦肥料・防除は振興会の基準に基づいて実施している。

⑧実が重くなっている枝は早めに支柱を立てる。

⑨道路側の枝の管理は特に気がかりである。根が道路を横断していることを思うと自動車の重量まで気になる。

⑩10年ほど前のこと、樹勢が落ちてきたので県の方へお願いしたが、それ以来管理の指導を受けられるようになったのはありがたい。樹木医や専門技術員の指導により根を強くするために生えていた「玉竜」を除いたりパイプを入れて空気を送ったりすることも考えた。全体に肥料をまいているが、草が旺盛になり除草に困っている。

⑪「この木だけは枯らすな」を次の世代に守ってもらうにはどうすればいいかを考えねばならない。

母木管理の主なことを書いた。柿で生きることを決心して15年になる。消費者から「毎年楽しみにしている」というハガキをもらうとごまかしはできないという気持ちになる。「この木だけは枯らすな」母木を守り通すという思いとともに、この二つを柿づくり人の心の中に据えて努力を続けたい。

夢の柿づくり

七崎　棚橋勝治　１９３９年生まれ

「地元特産の富有柿の栽培とその普及に努め、急がず焦らず残りの人生を実りあるものにしたいと念じております」

今から17年前の平成14（２００２）年、退職のあいさつ文に付け加えた一文です。

現職に継続勤務を勧められましたが、サラリーマン人生は十分に堪能したので、自然を相手に今日の仕事を明日に伸ばしても誰にも苦言は言われない、自由ながら全てが自己責任の境地に憧れて予定通り柿づくりを始めることにしました。

柿づくりの成否はその90％以上が間伐と剪定作業にあるといわれており、その重要性から、まずは、この作業を完全にマスターしようと決心しました。先輩方の畑へ積極的に出掛け、現場指導を受けて勉強しました。

その先輩の一人に従兄《いとこ》がおりましたので気軽に訪ね、基本と極意を教わりました。彼も「間伐が最も大切だ」と思いきって伐採をしてくれました。そのおかげで、現在も樹形とか成木数など、おおよそ理想的な畑を維持しています。

剪定作業は各々個性がありますが、主枝・亜主枝・側枝を明確にして、風通しと日当たりの良くなる剪定が基本であると考えています。この作業は奥が深いので、さらに向上を目指すべく県の普及員さんから今の時流にあった剪定をご指導いただいております。その助けにあって私も今ではおおよそ会得できたのではないかと思っています。

隣の枝に接触することなく伸び伸びと新芽が成長していく季節の移ろいの中、柿の成長過程を見ていると、自分の食生活と重なる部分があるように思います。食べ過ぎても少な過ぎても、すぐ体調に影響が出ます。摘果作業も一段落したころには、生育状況のおおよその良しあしが判断でき、種々対策を立てることにしています。この時期が柿農家として一番の充実感があり、私の大好きな季節でもあります。

実りの秋を迎え、親しい方から、「今年は味が薄くて例年よりおいしくない」と厳しい意見をもらえば、どこが原因なのか、季節的要因なのか、それとも施肥調整なのかを抜本的に自分なりの答えを出して今後に備えます。反面、収穫時期にお客様から「どこの柿よりもおいしかった」と言われると、お世辞と思っても、1年の苦労が一瞬にして喜びに変わる、この醍醐味に柿づくりの生きがいを感じ今日まで来てしまいました。

地元特産の富有柿栽培に関して17年間、先輩諸氏にご指導いただき、まずまず自分流の柿栽培ができるようになりました。これからは柿づくりをやる以上目標がなければ進歩がないと思います。左記のような高い目標を掲げ、なるべく省力化して生産性を上げるべく、栽培に取り組んでいきたいと思っています。

私の年間の指針（目標）

一、10アール当たり、出荷できる柿がコンテナ（約20キロ入るプラスチックのケース）数、80杯から１００杯前後

柿を入れる「コンテナ」

二、共選場の出荷、正品率70％、並品率30％前後
三、柿の大きさ２Ｌ以上が、75％以上
四、赤秀率50％前後
五、出荷最盛期日は11月15日から一週間程度、最終出荷日は11月30日（12月まで持ち越さず早目に出荷）
六、次期栽培に備え、生育状況を綿密にチェックし、作業日誌に記録する。
七、販路については、一部個人売りはあるが、主力販売先は巣南果実共同選果場とする。市場の売価は自分なりに精査しているが、巣南果実共同選果場は上位にランクされており、それ以外の販売先は想定しない。規格外の柿はどこの市場も同じで正品にはならない。大切なことは、病害虫防除に努め、果実が枝や葉でこすれて傷果にならないよう管理を怠らず、正品率を高めることである。

以上の目標値に対する実績を毎年きちんと把握し、改善策を見いだして種々対応していこうと思っています。目標に近づけば、必然的に収益は向上してくると思います。消費者が真から富有柿に求めているのは「おいしい柿」です。「おいしい柿」とは、無差別に柿を選んで食べても、糖度18度前後で、食感のある柿だと思います。永遠の課題として取り組んでいきたいと思っています。

定年退職後の柿づくりのススメ

定年後、今日まで携わってきた柿づくりが苦痛だとか投げ出したいと思ったことはありません。なぜならば柿づくりはあくまでも第2の人生、体を動かし自然との触れ合いが健康の源だからです。「二兎を追う者は一兎をも得ず」の考えで水田は営農組合に全て委託し、畑の40アールの柿づくりに集中しています。そして体力に相応した作業に徹しています。

在職中は父母が栽培していましたが、全く興味がないどころか、いい加減そんなもうからなくて労力のいることはやめてほしいと思ったほどでした。そんな私が柿づくりをして老後をエンジョイしているのです。

「どうか柿づくりをやろうと一念発起して手をあげてください！」

柿農家である方もない方もいろいろ不安が湧いてくると思いますので、今の柿農家の現状を知ってもらうことにより決断のお力添えになればと思います。

柿は植え付けてから収穫までに数年かかりますが、今、自分がつくっている柿畑を誰か代わって耕作してくれないかと思っている人がいます。長い年月育てて来た柿の木を切り倒すのは忍びないと思っている人もいます。そんな人と出会えたらいいなという思いを胸に現在のお仕事に打ち込んでおられるうちに、必ず良いご縁に出会えると思います。必要な機械や設備も同様です。古い機械が眠っていることもあります。それら事業の立ち上げのご縁に出合えることもあり得ます。

自分流でも我流栽培でも良いではありませんか。毎年毎年の努力の結果が実りの秋には報われることは素晴らしいことだと思います。これは発祥の地、瑞穂に住んでいるからできるのです。今までは、勤めのためなじみの薄かった地元の皆さんと交流を深め、積極的に社会貢献もしつつ柿づくりを楽しんでください。多くの仲間も増え充実した生活が待っています。

近年、後継者不足で出荷量も減少傾向にあり、瑞穂市特産の富有柿栽培の維持が危惧されているのが実情です。定年間近、まだまだ元気のあるリタイア組、興味ある皆さんで少しでも後継者不足が解消されんことを切に願い拙い経験文を寄稿しました。

第2章　富有柿ファンからのうれしい便り

瑞穂市の富有柿を賞味されたお客さまから産地、生産者宛てに送られた便りである。一部をここに掲載させていただく。

私と青森をつなぐ朱色の絆

大垣市　棚橋道子

もうざっと40年も前になります。

青森のいとこに何気なく富有柿を1箱送った。私の周りは柿であふれているので、別段特別な思いもなかったけれど、数日後、いとこからの手紙に、娘が保育園に私の送った柿の種をピカピカに磨いて持って行ったという。園児達は、その大きな種にびっくりして、それで何日も遊んでいたと書いてあった。

青森にも柿はあるけれど、とてもこぶりだそうだ。富有柿の見事さと味のよさには、親族みんなが驚いたようだった。

それがきっかけで、以来、私は青森のいとこ達に柿を毎年送り続けている。朱色の絆は私と青森を、いつまでも変わることなく温かく優しくつないでいる。

柿を買った日

長野県松本市安曇　ペンションのりくら　神田清剛

「知り合いに柿農家がいるので、行きませんか」

ある日、ペンションのご常連さんにお招きを受けました。名古屋のお宅でお世話になって、揖斐川をさかのぼるといいます。

堤防を走って見下ろした柿畑、その道を縫ってたどり着いた柿農家。細い道路をいっそう狭めて柿畑は迫っていました。木の高さには不似合いなほどの大きい見事な柿、柿、柿。農家の丹精が成っていました。西日に光るその豊満ともいえる果実を、私は今、その場で食べたいと思いました。味は毎年お客様にいただいているので熟知しています。あの味で、この新鮮さを……かじりたい！　という衝動です。かなわぬまま、柿好きのお客様の顔が浮かびました。兄弟の顔も……。

帰路、辛抱できず一つを……。幸せが口いっぱい広がります。「やっぱり本場物は違うね」兄弟の感想が聞こえました。空耳だったでしょうか。

ふるさと福島の中学生から

重里　新井文子（旧姓　戸賀）

私は現在「富有柿発祥の地」瑞穂市に住んでいます。縁あって柿農家の農繁期にお手伝いに30年ほど行っています。

私のふるさとは福島県石川郡石川町です。石川町立中谷第二小学校を卒業しました。その小学校が閉校になることを知り、全校生徒14人・先生方6人の皆さんに富有柿を最後の思い出になるようにと送りましたところ、富有柿を手にして感動の喜びのお礼の便りが届きました。で、一読いただければうれしいです。


福島県石川町中谷第二小学校6年　深谷慎太郎

このたびは、とてもおいしそうな柿をおくっていただき、ありがとうございます。大きくてツヤがあって、まだ食べていないので、早く食べたいです。手作りで作るのはとても大変だと思います。害虫や気温など、とても細かいことまで気をつけなければいけないと思います。柿農家の方が苦労して育てた柿をいただけて、光栄です。

これからも、育てるのはとても大変だと思いますが、「うまくて大きい柿」を、いつまでも作り続けてください。このたびは本当にありがとうございました。

同6年　堀江葉月

このたびは、柿をいただきありがとうございました。私の家では家族そろっておいしくいただきました。家族全員で「おいしい。おいしい」と言いながらいただきました。

私は、どうやったらこの柿のようにおいしく、良いツヤ・色で、そして大きく作り上げられるのかなぁと思いながら食べました。

このたびは、おいしい柿を送っていただき本当にうれしかったです。ありがとうございました！

富有柿におもうこと

愛知県稲沢市　村石正己

私が富有柿と出会って賞味したのは、20～30年前の出来事であったように思います。大きな柿で、形もよくいかにも美味しそうな顔をした、文字通り「瑞穂のたからもの」という印象を持ちました。さらにこれを食べてびっくり、歯ざわりはよい、甘さも十分で、富有柿の味を堪能しました。以来、瑞穂の柿に魅せられてしまいました。

このようなきっかけを作ってくれたのは、私の妻が瑞穂市の女性と仕事を通じて知り合いだったことです。それからトントン拍子に「瑞穂のたからもの」に面会して現在に至っています。瑞穂の富有柿を食べたら他産地の柿は食べられません。晩秋の味覚が忘れられず、首を長くして待っているところです。

瑞穂市の人達は、瑞穂の柿をもっともっと大きな産業に育て、全国的に広げようと運動が盛り上がり、各方面で一所懸命活動されていることに敬意を表します。

瑞穂市の市民は心の広い人たちが多いのでしょうね、わが家も皆さんの考えに賛同し何かお手伝いをと考えますと、ささやかですが富有柿のシーズンに現地を訪れておいしい富有柿を購入するしかないと考えております。

瑞穂の富有柿が全国ブランド、いや世界のブランドに育つよう、心から応援しております。

富有柿の産地福岡から

福岡県福岡市　末松朱美

先日、娘から瑞穂市の高級な柿が届きました。

本当にありがとうございます。お世話やご迷惑をおかけしていると思います。こんな富有柿は生まれて初めてでした。私たちが住んでいる福岡でも富有柿はつくられていて、これまで地元の柿しか食しておりませんでした。これが本当の富有柿なんですね。主人と二人、大事に食べています。本当にうれしかったです。

これから寒さも厳しくなります。どうぞお体をご自愛ください。御礼まで。

柿のお礼にみかんが

大分県大分市　花本公明

先般は立派な富有柿をご恵贈くださり、誠にありがとうございました。

さすがに百数十年の歴史が誇る富有柿発祥の地の柿だけに、その色・形・味ともに絶品でありました。

せっかくの品ゆえに知人にもお福分けし、皆でその味を堪能させていただきました。心より感謝とお礼を申し上げます。

感謝の証としては、あまりにも些少《さしょう》で恐縮に存じますが、ほんのお印として九州は大分の「みかん」を送らせていただきました。

年の瀬を迎え、さぞかしご繁忙とは存じますが、どうぞご自愛専一に、よい年をお迎えできますことをお祈り申し上げます。

略儀ではございますが、寸書をもってお礼かたがたご送付のお知らせまで申し上げます。

日本一の富有柿との出合い

郡上市　國田義道

初めて富有柿を食べたとき、何と！　大きいサイズにビックリしたのと、想像を超える美味しさに、2度の驚きを得たものでした。勿論わが家にも富有柿があり、子どものころから食べていましたが、あまりにも渋いのでほとんど食べませんでした。

そんな思いでしかなかった柿のイメージがガラッと変わった瞬間でもありました。それから何度も、お話を聞いているうちに、これ程柿に対する情熱を持って取り組んで見えるKさんに敬意と、個人的にも何かお役に立てる事はないかと考えました。

それと僕がお世話になった方々に、この富有柿をお届けすると、皆さんから、このような柿初めて頂きましたとか、まずはあの大きさと、一つ一つ包装してあり高級感を感じたとか、勿論美味しさも伝えてくださる事がほとんどです。送った側としても、うれしさを感じる事ができ、岐阜県の特産ですが、日本一の富有柿と自慢できる一品です。

これからも、少しでも僕なりに応援していきたいと思います。多くの富有柿に携わって頂いて見えます皆さまに、これからも日本一おいしい富有柿の生産宜しくお願い致します。

そして、いつの日か世界中にもっと富有柿が広がることを願っています。

第3章　柿と俳句

俳聖たちが詠んだ柿

里古《ふ》りて柿の木持たぬ家もなし　　松尾芭蕉

柿食えば鐘が鳴るなり法隆寺　　正岡子規

富有柿の真赤を胸にむきをらむ　　森　澄雄

柿は晩秋の季語でもあることから多くの俳句に詠まれている。この三つはそれらの中でも代表的な句であろう。

俳聖松尾芭蕉の句は、故郷の伊賀で詠んだものだという。あまりにも有名な正岡子規の句は、奈良に旅行中の作品で、この句を詠んだ10月26日は、「柿の日」とされている。３句目の森澄雄は、加藤楸邨に師事し、戦前から半世紀以上にわたり俳壇で活躍した俳人で、平成22年に没した（日本芸術院会員・文化功労者）。

瑞穂市内には俳句を楽しむ人たちでつくっている「白雨句会」があり、清水弓月さんが指導にあたっている。

柿づくりには剪定、粗皮削り、摘蕾、防除、草刈り、摘果、支柱立て、収穫、選果、出荷、販売など、年中、四季折々に欠かせない作業がある。それら一つ一つをまとめると柿生産者の歳時記が出来上がる。柿づくりの場面と、それに関わる人の心を味わいたい。

会員の句と寸評

評者　清水弓月

消毒の白き霧吹く梅雨晴れ間　（七崎　棚橋祥花）

梅雨の晴れ間を盗むようにして消毒の白い霧を柿に吹きかけた。柿づくりの大変さを詠んでいます。

柿の色里の残照より赤し

日没後の西の空の夕映えより柿の色が赤いととらえた句。大きな情景が詠《うた》われています。

進物に柿の紅葉も添へにけり

実った柿を知人に進物として送ったが、中に柿紅葉も添えた。優しい心情が詠まれています。

剪定の枝燃すけむり遠伊吹

剪定が季語で春。切り取った柿の枯枝を燃していると、西に伊吹山が見えた。雄大な景色が詠まれています。

（田之上　市橋香洋）

柿落葉焚くや一村煙らひて

柿落葉を燃す煙が村中を包んでしまった。「一村煙らふ」が初冬の集落の様子を伝えています。

野火赤し人影黒く動きけり

柿落葉を焚く火であろう。野火を背後に作業する人影が黒く動いている。赤と黒の対照が効果的です。

夏めくや帽子目深に柿摘果

初夏ともなると、柿の葉は日々に広がり、美しい柿若葉となり、いよいよ摘蕾のときです。艶やかな枝越しに作業する人の姿が見え隠れし、陽ざしを避けて目深に帽子をかぶる姿が印象的です。この後、七月初めまでの摘果作業が続きます。

柿芽吹く村に力の戻りけり

葉が落ちて蕭条《しょうじょう》としていた柿畑。柿が芽吹き生命力が感じられるようになりました。

中山道戸板に柿の売られけり
中山道は巣南の村中を貫いています。路のかたわらに戸板を並べて柿を売っていました。地方色がよく出ています。

（重里　新井美佐女）

柿の荷に巣南の富有と記し送る
柿の荷に巣南の富有と書いて送った。「巣南の富有」に自信と誇りが込められています。

母の手も借りて真っ赤な柿を捥《も》ぐ
柿を捥いで出荷する時期は、猫の手も借りたいほどの忙しさ。猫の手ならぬ母の手を借りることに。出荷期の多忙さをよく表現しています。

柿の荷へ自慢の文も添へて出す
知人へ送る柿の荷。その中に自分の畑で採れた柿の自慢を書いた手紙を添えました。これもまた自信と誇りを表現しています。

柿の出来共に持ち寄り畑談義
柿農家がそれぞれ自分の柿畑で収穫した柿を持ち寄り、たちまち互いの柿を誉《ほ》めたり腐《くさ》したりが始まります。「畑談義」の語が面白いですね。

「白雨句」会指導者　清水弓月の句と柿への思い

柿若葉より洗はれて農夫出づ

人のゐる声して柿の落葉焚《た》き

犬小屋に落ちて弾めり柿の花

干柿や夜風の荒るる峡住まひ

御所柿の古木を登る凌宵花《りょうしょうか》（凌宵花とはノウゼンカズラの異称）

私の住む揖斐川町は、土かあるいは気温のせいか、富有柿は作られていません。私の家でも庭に御所柿の古い木と畑に渋柿が一本あるのみです。祖母は御所柿と言って自慢しておりましたが、中くらいの柿で、食べておいしいとは思いませんでした。

県立本巣高校（現本巣松陽高校）に勤務したことがあり、周囲の柿農家の柿により柿の木の四季の変化を見ることができました。

私の柿の句は、そうした触れ合いと庭の御所柿や畑の渋柿を干した経験から作ったものです。

第4章　柿づくり　後継者の思い

他地域、他の作物の農業従事者同様、瑞穂市においても柿生産者の高齢化が進んでいるが、その一方で、柿づくりを志す若い生産者も誕生している。柿づくりを始めた経緯やその思いについて聞いた。

ワークライフバランスの良さを実感

十八条　林　真人　１９７３年生まれ

元々私の実家では祖父母の代から柿農家を続けており、当時は母が継いでおりました。私は会社勤めをしており、たまに手伝いをする程度でしたが、職業としての農業は金銭的にも肉体的にも厳しいと思ったため、学校を出て就職するときの選択肢にはありませんでした。

ところが、退職し柿づくりを続けていくうちにこれは物流や販売方法、いろいろ改善する部分があると気付きました。また、余暇時間が思った以上に多いことも実際に就業してみて分かりました。当然、通勤時間も大幅に短縮されましたし、会社員とは比較にならないほど拘束時間が少なく、ワークライフバランスに優れた仕事であると実感したのです。就農にあたっては、住宅ローンを抱えているので収入面でのかなり不安要素がありました。それで青年就農給付金制度をうまく活用する事で就農スタートを切ることができました。

これから柿づくりに取り組もうとする方に、メリットやデメリットについてお話します。

デメリットは新規就農の場合には農機具購入や土地の賃貸などの費用面でのハードルが高く収入面で不安定になります。逆に言えば家業を継ぐ場合は、最大のデメリットであるそうした設備投資の費用がほとんど発生しないので、かなりこの点は恵まれていました。

メリットは時間を自由に決められるということと農繁期以外の拘束時間が少ないことです。初年度は環境整備や自分の学習の意味もありましたが、徐々に慣れてくると仕事が楽になります。また販売方法や品質改善により、大きな利益を得るのも可能です。収穫量が大幅に増えたり、高品質の柿をつくることができたりすれば当然、収入も大幅に増やせます。

現在は就農２年目で少しずつ仕事を覚え、いろいろこなせるようになってきましたが、選果などの見立ては、まだ母に頼っている部分もあります。現在は修行の段階「守破離《しゅはり》」でいえば「守」の段階なので新しい取り組みに関しては徐々にチャレンジしていきたいと思います。

地産地消は良いことですが販売する側からすると、周りが柿の生産者の方で溢れて供給が上回り、価格維持が非常に難しくなってきています。このため、一部を距離が離れた販売所で販売するように心がけております。

将来的には、ネット通販事業の拡大を目指し、品質面については、固い状態で糖度を向上させるべく試行錯誤しております。

柿を甘く見たらあかんよ

十八条　久世真美　１９７０年生まれ

明治16（1883）年生まれの曽祖父の俊一は、家系図に「富有柿の栽培普及に努め現産地のパイロットとして村に貢献」と記されている。俊一は名古屋市場へ柿を納めていた。

隣家の永井秀幸（故人）の話によると、「あるとき、集金に行き、『オート三輪』を購入して乗って帰ってきた。さらに昭和30（1955）年ごろ、現在は190円する樽見鉄道の十九条駅から大垣駅間が10円の時代のことである。『丸魚青果』のオート三輪が柿の集荷に来た折に、俊一の代金支払いの現場に居合わせた。5千円札を初めて見た。1万円札がまだ世に出ていないころである。柿はもうかると頭に染みこんだ。当時、柿づくりは数軒しかいなかった」という。

大正3（1914）年生まれ祖父の信敬は、平成3（1991）年11月3日に開かれた「すなみふれあいフェスタ実行委員会」主催の「わが家の柿自慢」に470グラムの柿を出品したところ、最も立派な柿との認定証を受けた。その後も認定は3回受けている。「この柿はコンクール用だから採るな！」と言っていた祖父の言葉だけが妙に記憶に残っている。

「いつかは柿づくりをやりたい、やらねばならぬ」と思っていた。ところが高校を卒業すると気が変わって調理師になると決めた。大垣市の老舗料理店に住み込みの修業3年で受験資格を得て、念願の和食調理師となれた。その後、洋食や中華料理にも取り組んでレパートリーを増やし、岐阜市や名古屋市などのホテルや料理店で働いた。

結婚できるような給料がもらえるようになり、1人の子どもにも恵まれた。実家に近いアパートに住み、共働きで3人の家族暮らしにぜいたくはなかったが満足していた。祖父の死後、母一人で30アールの柿畑を管理していた。祖母は95才で介護の時間が増えてきた。

その後、以前世話になった和食焼肉店に呼ばれ再び働くことになり、柿づくりを手伝いながらの勤めとなった。剪定講習、摘蕾講習、出荷目揃え会などは土日に開催される。これに参加すると稼ぎ時の店主の目が気になりだした。42才のとき、柿づくりに専念することを考えた。しかし、調理師で生きるほうが安定感を感じられた。忸怩《じくじ》たる思いで5年が過ぎ、これ以上迷惑をかけられない。思い切って人生の軸足を柿園経営一本に絞って取り組む一大決心をした。このとき妻は「あなたが決めたことだからできるだけの手伝いはします」と言ってくれた。子どもは家にいる時間が増えたので喜んでいるようだ。

母は祖母の介護に専念できるのでとても感謝していると今は言ってくれる。しかし、私の柿一筋の決断時には柿では食べていけないという認識であり、「エライよ」「うちの柿づくりだけでは食べていけないよ」「アルバイトせならんよ」「柿づくりを甘く見たらいかんよ」「柿づくりを始めて1年生……、ではなく幼稚園やよ」「やってけんよ」などなど、柿づくりを励ますようなことは一つも言わなかった。今の大感謝の気持ちとは正反対の忠告ばかりであった。

母の忠告を心に留め、柿一筋と決め、平成29年12月、47歳のときに和食焼肉店を円満退社。このとき柿振興会の役員当番が回ってきた。柿づくりの仲間に入る良いチャンスとなった。JAぎふの柿栽培研修生募集の広告が目に入った。その後、県普及指導員から声をかけられ、平成30年1月からその柿塾に参加することとなった。年6回の研修会に参加し、整枝剪定、施肥、摘蕾摘果、防除、収穫選果選別など柿づくりの基礎を学ぶことができた。これによって柿づくりで生きていくための自信がついた。

30アールの柿園に苦闘している矢先に50アールの柿園を任されることになり、急きょ80アールの柿経営者となった。今はさらに増やしても挑戦できそうだと考えている。こんな思いを抱けるようになったのは県普及指導員の親切なご指導のおかげと深く感謝している。柿振興会の皆さん、地元の柿づくりの先輩方も温かく受け入れてくれて何かと親切なアドバイスをもらえることは本当にうれしい。そして、柿づくりの基盤を築き守ってくれた先祖のおかげだと収穫を終えた今、思う。

青年就農給付金制度で柿づくり

本巣市海老　関谷英樹　1979年生まれ

1　新規就農制度で柿づくりを始めた思い

私は本巣市出身ですが、縁があって瑞穂市で柿畑をお借りすることができ、平成24年4月に就農しました。それまでは農業とは無縁の世界で生きてきて、脱サラして新規就農者として柿づくりをスタートしました。

私は高校を卒業後に、地元を離れ名古屋、東京で12年間過ごしていましたが、東京で生活しているとき、岐阜県の知名度がとても低いことを実感し、素晴らしい地元のことを多くの人に知ってほしい、PRする仕事がしたいと考えるようになりました。

平成23年3月、東日本大震災が発生したあとに「地元のために貢献したい、行動したい」と決心が固まり、1カ月後に岐阜にUターンしました。Uターン後、地元の特産品である「富有柿」で岐阜をPRしたいと考え、また、岐阜県の柿の生産者の高齢化・担い手不足が深刻化していることを知り、柿づくりを通して地域を盛り上げたい！　と考えたことが、柿づくりを始めたきっかけです。

2　研修時代のこと

地元にUターンした平成23年に、富有柿の母木を管理する居倉の小倉正剛さんのもとで、約8カ月間研修を受けました。指導していただきとても勉強になりましたが、とくに印象深かったのは、お客さまに発送する柿の選別作業を一切妥協しない姿勢です。柿に傷がないか1個1個確認してお客さまが喜んでくれることを考えながら、満足のいく柿を選ぶ姿勢に強く心を打たれました。

また、収穫後に行う剪定作業も、とても勉強になりました。剪定は奥が深く、どの枝を切ってよいか分からず悩んでいる私に、小倉さんは親切に指導してくださいました。そのおかげで、今では剪定もスムーズに行うことができるようになりました。

就農後も分からないことがあれば、小倉さんのもとに行きアドバイスを受けています。

3　本格的に生産したときの苦労と喜び

夏の草刈りがとても暑く大変でした。また、11月中旬ごろに柿が一斉に色付き赤くなるため、収穫が追いつかないことに気がもめました。

収穫時期は、日中は収穫をして、日が沈んだら夜遅くまで柿の選別作業をするので、ほぼ丸一日仕事をする日が続き、体力的に厳しいものがありました。しかし、就農して1年がたち、日々育てた柿が無事に実り、初めて収獲したときはとてもうれしかったです。

平成28年には、東日本大震災の被災地の子どもたちに会いに行き、柿をプレゼントしました。東北では気候の関係で富有柿は育たず身近にないので、初めて富有柿を食べた子がとても喜んでくれました。柿が好きではなかった子どももいましたが、私の育てた柿を食べて柿が好きになったと言ってくれたときは、すごくうれしかったです。

4　今後の柿づくり私の課題

現在、柿の消費量は減り、とくに若い子どもたちが柿を食べる機会が減少していることが課題です。瑞穂市の子どもたちですら、柿を食べたことがない、柿が嫌いという子も多くいます。もっと柿を身近な果物と感じてもらうために、私はハロウィンの時期に、柿にお化けのシールを貼って飾ってもらうオリジナル商品「ハロウィン柿」を販売しました。

今まで柿に興味がなかったり、柿を食べる機会がなかったりした子どもたちに、柿に愛着を持ってもらうきっかけとなりました。今後もいかに柿の素晴らしさを知ってもらい、PRするかが一番の課題だと思っています。

また、柿づくりの担い手不足も課題です。今のまま担い手が増えないようであれば、柿農家さんと共に柿の生産量が減少し続け、富有柿の発祥地として維持ができなくなる心配があります。瑞穂市は、世界で唯一の「富有柿発祥の地」です。この強みを活かして、瑞穂市の富有柿を全国に、世界に広めることができるはずです。そして、私がもっと農業の魅力、柿の素晴らしさをPRして、憧れてもらえる柿農家となり、柿の担い手を増やしたいです。

第5章　「お母さんの木」がカキ産地の後継者を育ててくれる

月刊誌『現代農業』（農文協）2000年1月号に、このようなタイトルで記事が掲載されました。農家に跡継ぎはいても農業は継いでくれない。そんな中で生産地を守る取り組みの一つとして私たち巣南町の「カキ婦人学級」が取材の対象となりました。出版社の方の許可を得て、原文をほぼそのまま転載します。

お母さんの木

木に目印をつけた「お母さんの木」

　役場で転作確認用に使っている白い札をもらってきて、その裏にカキ園の広さ、品種、受粉樹は何か、を書いて、カキの樹にぶら下げる。これが「お母さんの木」の目印だ。

　だいたい１反に樹が40本、カキ８０００個が基準。１本当たり２００個ぐらいならせるのが目安になる。摘らい・摘果講習のあとは、みんなで数を数えて適当な数の摘果がされたかどうか調べたり、果実の大きさ（果周）をはかって前年と比較したりする。「お母さんの木」はお母さんがカキをつくるときの基準の樹になる。

　こうして樹を１本決めることで「これはみんなでやっていることだから、私に任せてほしい」とお母さんがいいやすくなる。「お母さんの木」を設けることで、せっかくせん定の講習を受けても、うちに帰るとおじいちゃんが全部やっていた、ということがなくなった。

「巣南町カキ婦人学級」

巣南町はあの有名な富有柿の発祥の地で、カキは大事な町の特産品だ。しかし、カキの産地といえども、担い手は高齢化、兼業化がすすんでいる。「このまま生産者が高齢化してカキの技術を伝えていけなかったり、お父さんの休みを待って作業をする状況ではいけない。お母さんにもがんばってもらわないと」ということで平成4年に生まれたのが、巣南町カキ婦人学級だ。

「お母さんの木」があることでせん定も自分でできる

高田里美さん（当時46歳）もカキ婦人学級のメンバーの一人。これまでカキ婦人学級の講習は休んだことがない。すごく楽しみだ。

カキ婦人学級のメンバーは自分の家のカキ園に「お母さんの木」という、1本のカキの樹を決める。この樹だけは、せん定から収穫まで一年間の作業をすべてお母さんがやる、と決めた樹だ。摘らい・摘果講習とせん定講習のときには、みんなで園地を見てまわるときの基準の樹になる。

こうした講習のときに、家から離れていてふだんはなかなか行けない人のカキ園に行けるのがいい。「自分のところは枝が込んでるなー」とか、「もっとすぐらないと（摘らい・摘果しないと）なー」と比較できる。

せん定講習のときは「お母さんの木」を基準にみんなで相談しながらせん定をする。

最初は普及センターの先生が見本を見せて、それからハサミを持っている人がハシゴに登る。ハシゴの上から「この枝切るのー？」と聞けば、下から「あの枝切ってー。それもー」と声がかかる。ときにはハサミを持った手のほうが素早くて、「これ切っちゃってもいいよねー」とチョンとやった後で「あ、ダメだよーっ」ということもある。

カキのせん定といったら、これまではほとんど男の人の仕事だった。摘らい・摘果はともかく、せん定になると流儀のようなものがあって、女の人が樹にさわることは少なかった。

ところが、婦人学級のせん定講習はハサミどころか、ときにはのこぎりやチェーンソーで枝を切ることもけっこうある。

これまでじいちゃんがやってきた樹は、収量をとろうとして上へ上へと高くした樹が多い。これを婦人学級では、できるだけ低く低く樹を作る。里美さんのところも、前は7段ハシゴで収穫していたが、今は3段ハシゴで大丈夫になった。

こんなふうに思い切って枝を落とすことは、案外自分ではできないものだ。自分1人のやり方ではなかなか勇気が出なくてそのままにしていた樹を、こんな講習のときに思いきって切ってもらうこともできる。

自分がやっと後継者になった感じかな

婦人学級は接ぎ木、摘らい・摘果、せん定、カキを使った料理教室と視察といった年に5回の講習と、年1回の総会がある。里美さんは1回も休まずに出席している。この前はのこぎりの目立てと、せん定バサミの研ぎ方を習った。

講習の内容も勉強になるが、婦人学級という人の輪に入ってみんなと話をするのがおもしろい。「年上の人の話なんて、全部自分の知らないことばっかり。どんな話も『そうなんだー』って思う」

里美さんは「子どもが小さいころは ＰＴＡとか、子ども会の集まりとかがあったんだけど、子どもが大きくなると人の輪がだんだんなくなってくる」と感じていた。とくに里美さんの近所には、カキを専業にする人が少なかったから、カキのことは話題にしにくかった。

　でも、カキ婦人学級のメンバーは、共通の仕事をしているから「今頃みんながんばってるんだろうな。私もがんばらなきゃ」と思う。仲間がいるとつられて自分がいいほうに引っ張られることがある。それに、仲間がいれば、「あの人みたいに……」という目標にする人もできて、張り合いがちがってくる。

「前は農業なんて絶対に嫌いだった。服に泥がつくのもイヤだった」という里美さん。今は外で仕事をするのは気持ちがいい。開放的な気分になるので、最近農業もいい仕事かなと思う。「たまにカキの樹の下で昼寝するんだ。カキの樹って下から見るとすごいよ。枝がわあーって血管みたいに広がっているんだよ。こうしている間にも樹は働いているんだなあって思う」

　自分で時間を決めて仕事ができるので、気分的にゆとりができた。以前ミシンで洋裁の内職をしていたころはいつも仕事が横にあった。

「この仕事をいつまでにやったら、いくらになる、と思って、時間に追われていた感じ。子どももよく叱っていたと思う」

「最初はカキから逃げていたけど、今はカキを任せてもらって、責任があるのはうれしいことだと思うわ。工夫もできるし。自分がやっと後継者になったっていう感じかな。おじいさん、おばあさんが喜んでいると思うよ」と言う。

　1本のお母さんの樹だけでなく、今、ほぼ全部が自分の樹になって3年たち、そう思えるようになった。

婦人学級にいれば教えてあげることもできる

カキ婦人学級のメンバーの中でも大ベテランなのが、1町1反のカキ園を持つ林喜美子さん（当時51歳）だ。19年前に旦那さんが亡くなってから、ほとんど1人でカキの作業をこなしている。そんな喜美子さんみたいな人でも、婦人学級に入っていて、勉強になることがある。台風の影響とか、カメムシとかミドリヒメヨコバイの発生状況とか全国的な情報とか傾向がわかる。でも、喜美子さんにとって、婦人学級は自分が勉強するだけの場ではない。婦人学級に入っていれば、人に教えてあげることもできると思うのだ。

喜美子さんはカキの仕事で忙しかったとき、まわりの人たちにすごく助けてもらった。とくに子どものことではずいぶんと世話になった。子どもを寝かしつけてもらったこともあった。あるときなど、子どもが「見かけないぬいぐるみを持っているなあ」と思ったら、喜美子さんが畑に行っている間、淋しくないようにと近所の家の人が持たせてくれたものだった。

「1町1反も一人でよくやるねえ」と言われたり、「忙しかったら手伝うよ」と言われるのも、すごく励みになる。「そんなふうに声をかけてもらえるのも、ここみたいに農村だからじゃないですか。『おはよう』とか、『おやすみ』とか、何でもないことだけど、とても助かる。そんなお礼のつもりで、私が持っているものであれば、人に教えてあげたい」って喜美子さんは思う。

「お父さんの木」もできそうだ

喜美子さんは忙しい時期に何人かのパートさんを頼むのだが、その中に、定年退職した旦那さんが奥さんと一緒に来ている。その旦那さんは「自分もやってみたい」と言ったそうで、平成11

年の摘らい・摘果から手伝ってもらっている。

カキつくりによほど興味を持ったのか、摘らい・摘果だけでなく、「頼むから、カキの樹1本、俺にせん定もやらせてくれないか」と言っているそうだ。

喜美子さんも、自分が摘果して、いいカキがなるのはやっぱり嬉しい。自分がせん定した樹が芽を出し、花を咲かせて実をつけてゆくのを見るのは、もっと嬉しい。その旦那さんはもともと盆栽を趣味としている人らしいから、せん定をさせて、そこから芽が出て実がついてゆくのを見ていったら喜ぶだろうなー、と思う。

「ハサミでちょんちょんと切るのがおもしろいのよねー。庭師も樹を見るのが仕事の半分というそうだけど、私もせん定した後、カキの樹を眺めるのも楽しみなのよねー」と喜美子さん。だから、その人がせん定したい気持ちもわかる。今度のせん定から一本任せてみることにした。

巣南町には「お母さんの木」だけでなく、今年「お父さんの木」が生まれそうだ。

「母さんの木」その後

この取材を受けたのは今から約20年前のことでした。それ以降、私たちのメンバーそれぞれの柿づくりにもさまざまな変化がありました。お二人の手記を掲載させていただきます。

今の私

十八条　久世とよ子　1947年生まれ

現在のわが家の柿づくりは、17年前に退職した夫と二人でやっています。祖父が柿づくりを引退したときは兼業農家でわが家の柿の木はすべてが「お母さんの木」となり、毎日が大変でした。柿婦人学級で学んだことを思い出しながら、柿の木を低くしたり、西村早生が出荷停止となると、根元から切り、面積を減らしたりして自分なりに柿づくりをしてきました。今は剪定と摘蕾、摘果、支柱立ては二人で、力仕事や機械仕事は夫にまかせ、少しばかりの野菜と稲作もしながら、主に柿づくりに携わっています。

時々忘れ物をしたり、柿の枝に頭をぶつけたり、自分で老いを感じることもありますが、自分なりに無理せずできることを少しずつ、雨が降れば休み、猛暑は休み、日々柿と向き合っています。二人の体が動く間は柿づくりを続けようと思っています。「今年もよい収穫ができますように」と祈りながら…。

母さんの木が第一歩

七崎　高田里美　１９５３年生まれ

父は「車に乗っていても、人の柿畑を気をつけて見ていると良い」と言い、柿婦人学級をすすめてくれました。『母さんの木』を1本決め、そして、間入れ（まいれ・間伐予定）の木で練習をしながら柿栽培を始めました。

平成2年、父が病気をして、だんだんと任されるようになりました。母さんの木から学んだことを頭に置き、暖かい日には、父と並行して父の真似をしながら1本ずつ剪定し、わからないときは指し棒で教えてもらい、80アールの柿の剪定をやりおえました。

父と柿の木の根元で休憩しながら、沢山《たくさん》のことを教えてもらい、10年の間、父に付いて学びました。

平成12年、師匠であった父が亡くなり、80アールの柿園を任され自分の仕事として真剣に取り組むことになりました。

柿園の仕事は毎日ありました。父や夫を亡くし、ひとりではできないことも近所の方、大勢の方々、親族に助けられ、勇気、元気をもらい、柿栽培に取り組みました。全く何も知らなかった私は、柿婦人学級で長年学び、普及指導員の先生や、ＪＡ、学級の仲間のご指導のおかげで、お母さんの木1本からスタートして、80アールの果樹園の栽培を、今日まで諦めることなく続けることができました。

柿婦人学級に入って、皆さんから刺激を受け、柿づくりの話ができる仲間ができたことは本当に良かったです。ありがとうございました。

真っ青な空の下で、自然の恵みを受けて大きく実った柿を手に受けて、お供えに行くと写真の父は「えらかったなあ」とほほ笑んでいるように見えます。そして、お客さまに「おいしかったよ」と言っていただけるのが、とても励みになります。

寒い日も暑い日も毎日柿園に通い、丹精込めた柿を出荷できたときはとてもうれしく、サンテナに積まれた柿を、わが子のようにとさえ愛おしく思いました。富有柿のおかげで、今日まで生活できたこと、そして幼かった三人の娘たちも育てられたことにとても感謝しています。

柿の仕事は1年中あります。三人の娘たちは嫁ぎましたが、私が柿婦人学級や父に習った事を娘たちに教えながら、仕事として一緒に作業をしています。現在は、今まで一生懸命に働いてきた母が92歳となり、介護をしながらの柿栽培です。

1本の『母さんの木』から始まった私の柿づくり。私も65歳となり、これからは体に留意しながら、今までお世話になった方々に少しでも恩返しができるように、また、娘たちと共に1日でも長く柿栽培を続けたいと思っています。

私たちの巣南町柿婦人学級は、平成24年にいったん活動を休止しているが、メンバーの有志により、柿ジャム製品などを手がける「柿りん」が結成されている。

第６章　柿栽培グループ「巣南柿農園」発足

巣南柿農園会長　高橋仁志

今後の柿産地のあり方について、平成25年５月９日　瑞穂市柿振興会に諮問委員会が設置されました。メンバーは、岐阜県農林事務所、瑞穂市商工農政課、ＪＡぎふ巣南支店、そしてわれわれ振興会の計17人で、柿産地の維持と振興を図るための施策について、あらゆる面から審議、検討を行いました。

平成26年度の計画提案の冒頭には、柿産地維持のために、「柿栽培に魅力を生み出すために、手取り額10アール当たり35万円を目標にする」とあり、各細部の提案がなされました。

柿振興会の中には、「柿の産地活性化部会」が設けられました。定期的に部員が集まり、多面的に情報発信のあり方を検討し、振興会の活動にも協力しました。「富有柿発祥の地　瑞穂市」の文字を入れたマグネットシートやＰＲ用のジャンパーの作成、母木記念碑の前での「富有柿感謝祭」などです。このうち「柿の収穫体験」は、地元の小学生や大学生、一般の方

巣南柿農園（瑞穂市十七条）

を対象に催し、その様子は、地元のケーブルテレビでも毎年放映されています。

諮問委員会の最後の会合で、富有柿栽培グループの立ち上げを提案したところ、その趣旨に賛同し、有志7人が集まりました。農林事務所と市商工農政観光課の指導のもとに規約などを作成し、平成26年に「巣南柿農園」が発足しました。このような柿栽培グループができるのは、初めてのことで期待が集まりました。

運営方針や担当作業、作業単価などの取り決めもしました。場所については、以前から柿生産の技術向上のために設けられていた学習園の場所変更に伴い、その土地の地権者と利用権設定の契約を済ませ、跡地を農園の「1号園」として、巣南柿農園の活動が始まりました。

発足当初、構成メンバーが増えれば引き受け面積も増え、グループの運営を任せられる人を育てれば、この活動も長続きすると考えました。幸い、栽培技術の高い人もいて、担い手や帰農者への技術向上の場も提供できています。

初年度の栽培面積は12アールで、作業もそれほど問題なく進み、無事収穫を迎えました。しかし、作業効率とか労務費、その他の要因によりかなりの予算オーバーになりました。2年目からは、耕作依頼が増え、栽培面積も順次増えて採算ベースに乗ってきました。3年目には、耕作面積が65アールに拡大し、現在5年目を迎えています。

赤秀と青秀（赤秀に次ぐ品質）は、全てＪＡに出荷し、無印と並品の販売については、毎年依頼できるところを探し、岐阜から西濃、東濃へと範囲を広げてきました。現在、袋詰めを４２００袋、平箱１７０箱を出荷しています。また、規格外品は随時、「ひと山いくら」で販売します。柿農園の生産量だけでは不足するので、グループ個人からも出荷量の65％を買い上げています。

これまでの栽培作業だけでなく、営業・流通・販売と新たな仕事を経験することができました。販売店では、いろいろな考え方の店長や支配人、販売員の皆さんと出会えて、販売や店の経営方針から人生訓まで幅広い話を聞くことができます。また、消費者個人から直接意見を聞くこともあります。

あるとき、とある店から、販売数増加に伴い客単価を上げる提案をいただきました。それをきっかけに、大きいサイズの柿を平箱に詰めて売ることにしました。瑞穂市の柿のキャラクター「かきりん」のロゴや「発祥の地　瑞穂市」を入れた平箱のデザインも自分たちで考え、作成しました。

私たちが納品を始めると、それまで納品していた他地域の納品者がやめるということもありました。「富有柿がこんなに人気があるとは、驚きです」と伝えると、店の支配人から「もっと自分たちの柿に自信を持ちなさい」と言われ、うれしくもあり、今まで気付かなかったことに恥ずかしさを感じました。

また、ある店では、「富有柿発祥の地、瑞穂市より……」と店内放送でＰＲしてもらえます。「店で買って食べたらおいしかったので、ぜひ送ってください」と、遠くは千葉などから直接電話をもらうこともあります。このようなことで、やりがいを覚えるとともに、納品者として強い責任も感じています。

販売者からよくしてもらっているので簡単にはやめられないし、やめるときには後継者を紹介しないといけないという思いもあります。

柿農園の作業だけでなく、こうした多方面の仕事に追われ、疲労感を覚えることも多々あります。そのため、楽しい企画も催しています。毎年春には関係者が集まって、郡上のシバザクラを見ながら、バーベキューを楽しみます。年末には、忘年会。日頃の情報交流から雑談まで、おもしろい話がいっぱいです。

現在の問題点は、農業全般にいわれているように、作業員の確保です。耕作依頼が来ても、引き受けられない状態になっています。「第二の人生を柿栽培で」とか、「作る楽しみや、やりがいを味わいたい」とか、おいしい富有柿栽培を存続できる人や組織がこれから多く現れることを期待したいと思います。

第7章　富有柿づくりを支え合う

富有柿と命名されて120年。この地でつくり続け、親から子、子から孫へと、富有柿というバトンを受け渡されてきた。柿栽培はスピードスプレーヤーと乗用草刈り機、選果機など機械化により一軒当たりの経営面積は1～2反から1町歩前後まで拡大されてきた。しかし、水田稲作のように20～30町歩というような大規模化は不可能である。それは柿栽培には、機械化できない、人の手でしかできない作業があり、しかも季節性があり限られた時間内に進め終わる必要があることにも起因する。

平成16（2004）年に瑞穂市柿振興会が結成され、選果機を導入し、荷造り、出荷、販売までJAを中心に多くの人の手で収穫後の作業が進められている。大量の箱詰めされた富有柿は、大型トラックに積載され翌朝には市場に運び込まれ、その日のうちに東京や名古屋の店頭に並べられる。そして、収穫日の翌々日に富有柿ファンのもとに届くことになる。

瑞穂市の一大ブランドである富有柿は、そうした販売、流通のプロセスを欠いては成り立たない。また、剪定や摘果といった栽培の技術学習や肥培管理、病害虫対策、品質や規格の管理、経営のノウハウなどに関し、行政機関やJAとともに、柿振興会はさまざまな分野で会員の「柿づくり」を支えている。

生産者と瑞穂市柿振興会は車の両輪、この二者が支え合うことによってこの地から生まれる豊かな実りを全国にお届けできるのである。

もちろん、富有柿のファンがいなければ柿づくりそのものが成り立たない。富有柿をつくって売る私たちのチームワークがいくら良好であってもそれを買ってくれる人がいてこそである。柿づくりの日々は、その先に富有柿ファンがいてくれることを忘れてはいけない。

この本の制作を進める中で、生産者が富有柿ファンから受け取った手紙を読む機会を得た。多くの人に富有柿が愛されている。そして柿を送られた人からのお礼の言葉は生産者に対する大きな励ましになっており、翌年に向けてさらなる向上への力になっている。

この3年で新しい柿づくりの担い手が3人も生まれた。3人とも1町歩に及ぶ大面積に挑戦しており、柿づくりで暮らしを立てるという強い決意を感じる。頼もしい限りであり、この3人に倣えと第4、第5の挑戦者が現れるような成功を祈っている。

第8章　富有柿発祥の地・みずほ感謝祭　福嶌才治さんありがとう

感謝祭開催までの経緯

平成26年の春、「十八条区柿出荷組合」の親睦旅行のバスの中で一つの提案があった。

１２０年もの間、富有柿のおかげで先祖代々多くの人の生活が支えられてきた。富有柿を見いだしてくれた福嶌才治に感謝する会を開いてわれわれの気持ちを町の人に理解してもらい、お互いに郷土の宝である富有柿を守りたい、という意見であった。

この提案には車中の親睦旅行参加者全員が賛同。瑞穂市柿振興会にぜひとも感謝祭を開催してほしいとお願いすることになった。瑞穂市柿振興会はこの申し入れを受けて代表委員会で協議し、その結果、感謝祭開催を決定した。

実行委員会に協力を願った団体・個人は次の通りである。

岐阜農林事務所（農業普及課）、瑞穂市役所（商工農政観光課）、ＪＡぎふ（巣南支店）、瑞穂市商工会、瑞穂市柿振興会、瑞穂市柿振興会柿産地活性部会、柿りん、今井敬潤（岐阜女子大学非常勤講師）、林嘉道（提案者）

実行委員会の尽力により、翌年、柿が色づくころに「２０１５富有柿発祥の地・みずほ感謝祭　福嶌才治さんありがとう」の横断幕を掲げて第1回の感謝祭が実施され、２０１５年感謝祭開催以降も小規模ながら福嶌才治顕彰碑と富有柿母木前で例年同じ時期に感謝祭を開催している。

記念すべき第1回の感謝祭の中で話された提案者と主催者のコメント及び当日の式次第を以下紹介する。

開催の提案

十八条　林　嘉道

「富有柿発祥の地・みずほ感謝祭」の提案者は、同じ十八条の小寺幸雄さんです。今年2月のとても寒い朝でした。3月14日に出発する十八条柿出荷組合の親睦旅行は、妻の看病のため参加できないから、これから話すことを柿組合の皆さんに提案してほしいと言われました。2時間近くにわたった話の内容は次のようなものです。

富有柿は今から約１２０年前「居倉御所」という名前で、名古屋で開かれた博覧会に出品されました。この折、農商務省の審査委員長がその柿の大きさ、形、風味のすばらしさに感激されたそうです。そしてその後、その柿には「富有柿」と名づけられたと伝えられているといいます。

この柿は皇室にも献上され一気に有名となり、苗木も飛ぶように売れ全国に広まりました。そして富有柿の人気は今日に至るも衰えていません。

一昨年秋には歌手の小林幸子さんが、名古屋公演の折、「甘柿は富有柿に限る」と大いに褒めてくれました。栽培の工夫により大野町や本巣市の糸貫地区では「果宝柿」という名で売り出すなど富有柿づくりも進化しています。

生産現場にいる者としては今の富有柿栽培に生きがいを持ちづらくなっていることも事実かもしれませんが、座して不満を述べても現状を変えることはできないと思います。

そこで柿振興会主催で「富有柿感謝祭」を開催することを提案します。

福嶌才治さんの努力で今の富有柿があります。居倉天神の藪の中から出てきた柿が居倉御所ですが、この柿の優れた形質を見出し、博覧会出品までには相当ご苦労をなさったと伝え聞いております。そして、この富有柿のおかげで現在の私たちの生活があります。

幾多の先祖の努力とともに１００年以上の長きにわたりこの地の多くの人々の生活がこの富有柿に支えられてきました。ここで富有柿の母木と福嶌才治顕彰碑の前で感謝祭を開き、忘れかけていた富有柿の価値を再認識することは意義深いことと思いますが、いかがでしょう。

そして、新聞、テレビ、ラジオなど報道関係の皆様のお力添えもいただけるものなら、私たちに対する全国からの応援も期待できるのではないかとひそかに願うものです。そして「富有柿発祥の地　瑞穂市」を全国に認知してもらえるものと信じます。富有柿感謝祭の実現にご賛同くださるようお願いします。

福嶌才治に感謝することば

瑞穂市富有柿感謝祭実行委員会委員長　小寺　徹

このたび、柿振興会会員の皆さんから富有柿発祥の地にふさわしい感謝祭を開催してはどうかと提案があり、実行委員会を設立して「２０１５富有柿発祥の地・みずほ感謝祭」を開催するはこびとなりました。ご協力に感謝申し上げます。

富有柿は、今から約１２０年前に福嶌才治さんがこの瑞穂市居倉の地で見いだし、育成され各地に広め現在に至っています。福嶌さんの功績に感謝し、発祥の地である瑞穂市における富有柿の生産ならびに加工・販売のさらなる発展を目指して頑張っていく決意でございます。

瑞穂市は昭和40（１９６５）年ごろから水稲の減反、水田転作対策のなかで転作作物として富有柿を推奨されました。昭和46年あたりからは作付面積が加速度的に増大し、柿栽培面積は１２０ヘクタールとなりました。しかし現在は後継者不足、価格の低迷により栽培面積は減少しつつあります。

私たちの今後の課題は、おいしい富有柿づくりを継承し、消費者に喜んでいただくこと。柿の価格が安定し、所得が保障され、柿づくりが活性化することであります。

福嶌才治さん、この瑞穂市居倉の地でおいしい富有柿を見いだしていただきありがとうございました。私たちは、富有柿発祥の地の名に恥じない柿生産に努力する決意であります。

感謝祭の概要

開催日　平成27年10月18日（日）
第１部　会場　富有柿の母木と福嶌才治顕彰碑前
開会のことば　感謝祭実行委員会副会長　林仁
福嶌才治に感謝することば　振興会長　小寺徹
来賓あいさつ　瑞穂市長　棚橋敏明氏
参加者献花　参列者全員
閉会のことば　柿振興会副会長　棚橋勝治

第２部　会場　瑞穂市巣南公民館
２０１５富有柿発祥の地・みずほ感謝祭
受　　付……………………………………13時10分
富有楽狸の上映……………………………13時30分
開会あいさつ………………………………13時40分
主催者あいさつ
瑞穂市富有柿感謝祭実行委員会委員長　小寺徹……13時45分
来賓あいさつ………………………………13時50分～14時10分
岐阜県議会議員　篠田徹氏
岐阜県農産園芸課長　矢野秀治氏

瑞穂市長　棚橋敏明氏
瑞穂市議会議長　小川勝範氏
ぎふ農業協同組合代表理事組合長　櫻井宏氏
岐阜県園芸特産振興会部会長　松尾　学氏
感謝状授与　才治の孫　福嶌和彦氏
小倉正剛
「感謝祭開催の提案者の思い」　林　嘉道……14時10分～14時20分
記念講演…………………………………………14時20分～15時00分
演題「日本の柿づくりに画期をもたらした富有柿」
講師　岐阜女子大学非常勤講師　学術博士　今井敬潤　氏
活動報告…………………………………………15時00分～15時20分
1. 市場での富有柿の評価と販売戦略
名古屋青果株式会社　営業第2部長　梅村芳男　氏
2. 柿ジャムの取組み
柿りん代表　高田里美　氏
柿栽培の現状について
柿栽培の今後の課題
閉会あいさつ　………………………………15時20分～15時25分

富有柿の「父」に感謝

福嶌才治氏を顕彰、初の式典　瑞穂市

生産者「おいしさ継承」

県特産の富有柿を全国に広めた福嶌《ふくしま》才治さん（1865〜1919年）の功績をたたえる感謝祭が18日、発祥の地・瑞穂市居倉で初めて開かれた。生産農家ら約30人が出席し、「甘柿の王様」生みの親福嶌さんに感謝と決意を伝えた。（松田尚康）

富有柿の母木と福嶌才治さんの功績をたたえる碑の前で、感謝を伝える小寺徹委員長＝瑞穂市居倉

実行委などによると、福嶌さんは地域の人が育成し、品質が良いと評判だった居倉《いぐら》御所《しょ》の柿の枝から接ぎ木した木を栽培。1898年、地域で呼び名の違った居倉御所を「富有」と命名し、県の展覧会に出品すると一等に輝いた。その後も富有は品評会で高い評価を受け続けた。福嶌さんは苗木を生産し、栽培が広がったという。

感謝祭は市柿振興会からの提案で、同会などでつくる実行委員会（小寺徹委員長）が初めて開催。富有柿の母木と福嶌さんの顕彰碑の前で営まれ、棚橋敏明市長や福嶌さんの親族も出席。碑にはわせの富有柿が供えられ、出席者が献花した。

小寺委員長は「今後の課題はおいしい富有柿づくりの継承と、消費者に喜んでもらい、活性化すること。発祥の地に恥じないように努力したい」と誓った。

式典後は市巣南公民館（同市宮田）で、岐阜女子大学非常勤講師の今井敬潤さんの記念講演や、青果企業による富有柿の市場評価や販売戦略の報告などもあった。

2015年10月19日付　岐阜新聞

記念講演「日本の柿づくりに画期をもたらした富有柿」要旨

岐阜女子大学非常勤講師　今井敬潤

1．はじめに

現在、私たちが秋の味覚の代表として味わっているカキはカキノキ科カキノキ属に分類され、学名は*Diospyros kaki* Thunb. と表される。学名（種小名）に和名kakiが用いられ、海外でもkakiで通用することからも、カキがいかに日本の風土に溶け込んだ果樹であるかが分かる。

2．カキの栽培と利用の歴史の概観

現在の栽培ガキは主に中国、朝鮮半島、日本に分布しており、原産地は中国中南部地方と考えられている。弥生時代のいくつかの遺跡からカキの炭化した種子が確認されているが、カキノキ属のいかなる種のものかは分かっていない。ただ、現在の栽培ガキは奈良時代を中心に大陸から導入されたものをもとに発達したのではないかと考えられている。なお、数カ所の弥生遺跡からは、カキ材を杭や柄振《えぶり》として利用した木質遺物が発見され、杭は水田開発の水利のために使われたと考えられている。このように、土木材や農具としての利用状況もあわせて考えると、弥生人にとっても、カキは身近な存在であったことが推測できる。

大きく時代は降るが、7世紀末の藤原宮跡からはモモ、クリなどとともにカキの種子が発掘されている。続く、8世紀の平城京跡の遺構からは多量のカキの種子が見つけられている。当時のカキを知る上で貴重な資料となるものである。同じ平城京跡出土の「二条大路木簡」の中に「柿子」の値段を記した木簡が見られる。一方、『正倉院文書』中の「神護景雲四年銭用帳」や「天平宝字二年雑物出納帳」では「柿」と「干柿」を購入した値段の記載が認められる。8世紀中ごろの平城京においては「柿」や「干柿」が商品として流通していたことが窺える。

10世紀はじめの「延喜式」には、「柿子」「熟柿子」のほかに「干柿子」がみられる。同じく『延喜式』の中で、「雑果樹四百六十株、柿百株」とあるように、祭礼をはじめとして宮中で使う果物類を賄うために宮廷付属の園地で栽培されていたことが分かる。

12世紀末の「紀伊阿弖河上荘在家畠等検注状案」には、クワ１８９０本、クリ林31町70歩、ウルシ32本とともにカキ５９８本の記載があり、課税対象とされていたことが分かる。クリはかち栗、カキは串柿で納入されている。当時、カキはクワ、クリ、ウルシとともに掌握すべき価値があるものと認識されていたことが推測される。なお、大阪市にある四天王寺蔵の『扇面法華経冊子』巻6の「柿採りの図」は平安後期の作で、カキを描いたものとしては最古のものとされ、古代におけるカキ、当時の人とカキとの関わりを知る上で貴重な資料であり、詳細な分析が必要と考える。

南北朝末期と考えられる『庭訓往来』には「柿」と「樹淡《こねり》」の名称が見られる。「樹淡」は樹上で練熟するという意味で、甘ガキを表しており、この時代には甘ガキ（不完全甘ガキ）があったと考えられている。

江戸時代初期の俳集『毛吹草』（１６４５年）では諸国の名物があげられ、「御所柿」「西條柿」など現代の品種と同じ名前のものが見られる。このころには、完全甘ガキ（「御所柿」）の栽培があったことが示唆される。江戸時代中期に全国的規模で調査、集約された『産物帳』によれば、ほとんどの国・藩領でカキの品種の記載があり、「果類」の中で最も多い品種が認められる。特に美濃国では49品種にのぼり、紀伊国では11品種が記載されている。江戸時代後期の『本草綱目啓蒙』（１８０３年）に至っては２００品種余に及んでいる。『農業全書』（１６９７年）をはじめとする近世農書では、カキは農家にとって重宝な商品作物の一つに数えられ、重い年貢が課せられる中で、生活を支えていくための価値ある樹木とされている。

このように、各地の庭先や畑の周りなどに植えられたカキは、それぞれの地方の風土に適した多くの在来品種を生み出し発達した。明治時代末期にはわが国で初めて農商務省農事試験場によりカキの品種調査が行われ、『柿ノ品種ニ関スル調査』（１９１２年）として報告されている。収集された品種の内訳は甘ガキが４２２品種、渋ガキは６９３品種で、同名異種や異名同種のものがかなりあったと考えられるが渋ガキが相当多い。これは、渋ガキが干し柿とカキ渋を生産する上で重要であったことによるものと考えられる。このことは、多くの近世農書の記載からも分かる。

以上、明治時代までのカキの歴史を概観してきたが、わが国のカキの歴史の大部分は渋ガキが中心を占める時代であったということができるであろう。

現在の甘ガキの代表的品種「富有」の命名は明治31（１８９８）年で、このような完全甘ガキ品種が広まるのは大正、昭和の時代になってからのことである。

＊筆者追記

講演要旨は、筆者の非力故、前半部にとどまったが、以下の講演の資料と併せて本書の理解を深めていただく上での参考になれば幸いです。

２０１５富有柿発祥の地・みずほ感謝祭

記念講演

「日本の柿づくりに画期をもたらした富有柿―主に栽培の歴史の視点から―」

岐阜女子大学非常勤講師　今井敬潤

1．はじめに

カキ（学名：*Diospyros kaki* Thunb.）

主な渋ガキ、甘ガキの伝統的品種

「富有」は完全甘ガキの代表的品種

2．カキの栽培と利用の歴史―「富有」誕生の頃まで―

弥生・古墳時代の遺跡　カキの種子とカキ材

飛鳥・奈良時代の遺跡　モモやクリなどとともに多数のカキの種子

平安時代（10世紀初め）『延喜式』：「柿子」「熟柿子」「干柿子」「柿百株」

南北朝時代　『庭訓往来』：「柿、樹淡《こねり》」

（甘ガキ〈不完全甘ガキ〉の出現）

江戸時代初期　『毛吹草』：「御所柿」「西條柿」などの記載

（「御所柿」：完全甘ガキの登場）

中期　『産物帳』：美濃国では49品種、紀伊国では11品種

後期　『本草綱目啓蒙』：「和産二百余種アリ」

明治45年（１９１２）『柿ノ品種ニ関スル調査』（農商務省農事試験場）甘ガキ：４２２品種、

渋ガキ：６９３品種

現在の甘ガキの代表的品種「富有」の栽培奨励は明治時代末期

3．「富有」の登場をめぐる幾つかの特徴的な事柄

ア．「富有」の誕生と生みの親である福嶌才治

明治31年（1898）岐阜県川崎村居倉（現・瑞穂市）の福嶌才治により岐阜県農会主催カキ展覧会に「富有」と命名されて出品される。（『新編原色果物図説』）

明治36年（1903）岐阜県川崎村居倉の福嶌才治がこの地のカキの在来品種「居倉御所」（別名、「水御所」）を関西府県連合会共進会に出品、審査長の恩田鐵彌博士が優秀性を認め、世に広く紹介。（『昭和農業技術発達史・第5巻』）

イ．「富有」の命名について

中国の古典『中庸』第17章の「富有四海之内」から引かれたとされている（図）。（『中庸新釈』宇野哲人）

ウ．明治末の「富有」の評価と栽培の概況

明治43年刊行（月刊）の『大日本農会報』では「柿」が特集され、同誌に掲載された恩田鐵彌らの記事から。

「これ（富有柿）を栽培するものは、日に月に増加を来たして、接木を行ふもの、苗を新植するもの、年にますます多きを加へ、附近の各町村は勿論、汎く美濃各郡に伝播して」、「是我が甘柿の王にして、世界一の逸品と称ふることも」、「果実一個十銭位」（当時のアンパン〈木村屋〉1個1銭、『値段史年表　明治・大正・昭和』）。

エ．大正から昭和初期頃の「富有」の広がりの概況

• 大正7、8年（1918、1919）頃　店頭の陳列見られ始める。

・昭和９年（１９３４）の「富有」の栽培面積：岐阜県７３１・５町歩、香川県４５８・２町歩、和歌山県４３９・３町歩

オ．「富有」の祖先を探る近年の研究成果の一端

・多くの完全甘ガキの在来品種を生み出した地域として、全国的にも注目される瑞穂市を含む旧本巣郡

「居倉御所」の他に、「天神御所」（図）、「莚田《むしろだ》御所」、「晩《おく》御所」（図）、「裂《はぜ》御所」などの原産地。

4．現代のカキ

ア．近年登場した幾つかの品種　　「太秋」、「早秋」、「甘秋」、「貴秋」

太秋：富有×Ⅱ-iG-16（次郎×興津15号〈晩御所×花御所〉）

イ．地域振興に「富有」が関わっている事例として—瑞穂市—

・瑞穂市柿振興会「柿りん」の取り組み（別途活動報告）

・「富有」発祥の地・瑞穂市における「柿スイーツ」の取り組み

詰め合わせ「柿色彩々」の栞の拙文（図）

ウ．世界のカキ事情

・急増しているカキ生産（図）

・世界へ広がりつつある「富有」（図）

＊感謝祭当日の内容を一部改変　図は省略

資料編

完全甘柿「富有」の起源

岐阜県が発行した『ひだみの産業の系譜』岐阜県産業史調査研究会編（1999年）には、柿についてこのように書かれている。

柿は日本古来からの果樹であり、すでに900年代のころには加岐《かき》と呼ばれていた。品種は800種以上とも言われているが、異なった名前でも同じ種類のカキや、同じ名前で呼ばれていても実は別の種類のカキが多い。そのため正確な品種数を決定するのは難しい。

岐阜県で柿栽培が始まった時期ははっきりしないが、その歴史は古く、奈良時代から特産物として有名であった。はっきりした記録が残っているのは明治時代からである。（中略）明治の初めには甘柿13万本、渋柿13万3千本と、その割合は半々であった。しかし、明治中期になると、商品作物として甘ガキが栽培されるようになり、農地や宅地、堤防、あぜなどに植えられるようになった。岐阜のカキは全国的にも有名になり、大正時代の末期までは相当の利潤を得ることができた。

また、山田昌彦がカキについて執筆した『品種改良の日本史』（2013年　悠書館）には以下のような記述がある。図は農事試験場特別報告第28号（1912年）によるものである。

「御所」が岐阜県に入り、在来の非完全甘ガキと交雑して数代を経てこれら岐阜県原産の完全甘ガキ品種が生まれたとすれば、在来の縦長い形あるいはあまり扁平でない形の品種と交雑した可能性が

富有

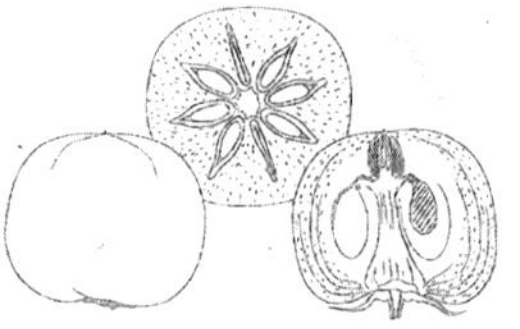

天龍坊

高い。また、「富有」は種子脱渋力遺伝子をもっている。したがって、その祖先には不完全甘ガキもしくは不完全渋ガキがある。

筆者は一九八八年に岐阜県本巣郡南部の品種の調査を行った。この地域の狭い範囲に「富有」、「天神御所」、「裂御所」、「蓆田御所」「晩御所」など、「御所」のように先が尖っていない形の完全甘ガキ品種が分布している。この地域の非完全甘ガキの在来品種は縦長い果形のものばかりであり、扁平なものは無かった。晩生の不完全甘ガキでかなり分布していたのは「妙丹」（新妙）であった。この品種は東海地方に分布しており、場所により「天竜坊」ともよばれている。この品種が「富有」の祖先である可能性が考えられ、今後の研究が期待される。

富有柿発見当時の柿

小倉淳一編『富有柿とその原木』には、富有柿登場の前史がまとめられている。

柿が果樹園芸界に登場するのは、明治時代になってからのことである。特に甘柿は貯蔵性に弱く、輸送に制約の多かった封建社会では、甘柿が市場に流通させることはできなかった。そのうえ、土地制度や貢租制度など封建時代の農民は米麦中心の営農が強いられ、柿はせいぜい自家用として宅地に栽培されるに過ぎなかった。それでも古くから特定の土地に甘柿として知られていたものはあった。「禅寺丸」・「大和御所」・「次郎」・「百目」等がそれである。

富有柿発見当時の甘柿には、ほかにどんな品種が存在したのだろうか。大正元年発行『実験柿栗栽培法』（恩田鐵彌　博文館）にある甘柿のいくつかを抜粋し、内容を要約して転載する。※図は前掲の農事試験場特別報告第28号による。

次郎

静岡県周智郡森町の原産（中略）弘化年間に於て前記森町字本町の農次郎吉と云ふ者同町を通ずる太田川の河原に於いて柿の幼木を発見し何心なく之を持ち帰りて自宅の庭内に植え置きたるに幸にして活着し漸次発育伸長して数年ならずして数個の結実を見るに及び之を採取試食せしが味極めて甘美到底他品種の及ぶ所にあらず。（中略）大果、七八十匁を普通とし扁円にして臍部少し凹陥せり、果面浅き縦溝を有し横断面稍方形をなす、蔕窪深く窪辺細襞あり、果面の色澤富有に似て能く成熟すれば紅色を帯ぶるに至る、果肉微黄白色、褐斑極めて少なく肉質柔軟甘味甚だ多く品質最優等、或は富有を摩するものあり、然れども形状に於て到底富有の整正なるに如かず、核子少なく普通一二個を有し皆無なるもの亦少なからず。

樹性強健能く伸長発育す、枝稍太く丈夫なるも富有に比すれば素直にして色澤灰色を帯ぶ、甚だ豊産なり。

天神御所

岐阜県本巣郡席田村字天神の原産（中略）明治初年の頃迄は渋柿なりと称して誰一人口にするものもなく柿漆などの製造用として早時に採収せられたき然るを偶然の事より本種が晩熟の甘柿なること

を発見するに至り而も他に比類なき良種なることを知るに至れり（中略）明治二十三年（中略）頃より漸次世人の注目する所となり附近の苗木商は勿論他府県下よりも其の接穂を需むるもの続々として生ずるあるに至り地名の天神と称せらるる故を以て天神御所なる名を冠し以て今日に及べるものなり。中乃至大果六十匁内外を普通とす、形臍部に近づくに従ひ細く即ち短き鈍尖円形をなす、蒂窪浅く果面は寧ろ富有より濃色なり、臍部に近く微かに斜線溝を現はす、横断面稍方形、褐斑甚だ少なく肉質富有に似て甘味甚だ多く品質極上、核子少なく一二個、其の形状富有に似たり、脱渋完全なるも脱渋期富有より遅く十一月中旬採収に適す。但し着色は富有よりはるかに早し

樹性強健能く発育伸長するも枝稍富有に比して稍細く且つ黒味を帯ぶ、斑点楕円甚だ密布す、極めて豊産とは言い難けれども品質優良、亦有望の一品種なるを失わず、葉は富有より濃色にして形稍小さく葉柄褐色を帯ぶ。

花御所

鳥取県大御門村字花の原産（中略）寛政4年の頃先祖五郎助氏が西国巡拝を企てし際他国より一本の接穂を持ち帰り接木したるものにして即ち花御所の親木なり。明治三十五年連合共進会の岐阜市に開催せられし際本種の出品あり此時既に其の優品なることは認められたりと雖も色沢の鮮麗ならざる点より富有に比し価値低きものとせられたりしなり爾来また本種を賞用するものなく加ふるに交通不便なる山陰の地にありては世人の汎く之を知るに由なく以て今日に及べるなり、然るに数年前より漸く其の名を知らるるに至り年々大阪市場に販出して明治四十三年の如き百二十個入一箱の代価五円五十銭に及べりと、尚苗木の如き非常の高価を以て盛んに各地方に需要せられつつあり。

大果、尖円形をなし甚だ正形なり果皮淡色なるも極めて甘味にして多漿殆ど褐斑を存せず、品質富有に劣らず甚だ有望なる品種の一なり、原産地にて十月下旬乃至十一月上旬成熟す。

甘百目

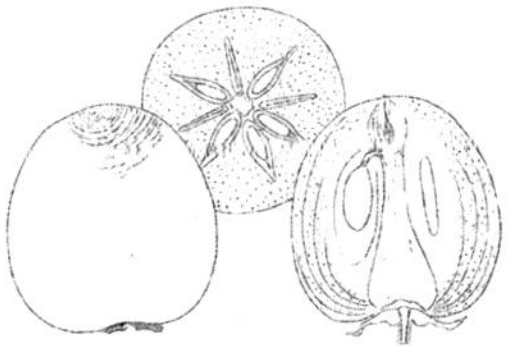

甘百目

最も広く各地に分布せる品種の一にして、関東地方にては江戸一、黒熊等の名を呼ぶものあり。

大果にして大なるは百匁以上に及ぶものあるも六七十匁を普通とす、甚だ円満なる円形をなし上部に進むに従ひ稍細まれり、臍部極めて僅かに凹み、横断面殆んど円形なり、蔕は果底に密接し、梗窪稍深く窪辺甚だ豊円なり、果皮淡色にして微緑を帯び果面の上半部殊に臍部を囲みて黒線状紋を存し充分成熟するときは著しくこれ現はる、肉質は富有、次郎の類と全く異なり甚だ脆し、褐斑多きも多汁にして甘味多く中熟種中の優品とす、核子五六個乃至八個を有す本種の欠点とする所は脱渋不完全にして殊に年切れの年に結実せるものに於て然りとす、亦核子の少なきものは渋味を残存することあり、収量余り多からず且つ自然に放任すれば年切れ多し有望の品種とは言ひ難し。

天龍坊

静岡県殊に遠州地方に最も広く栽培し優良の品種と認められつつあるものにして、中の大果普通五六十匁なるも大なるは八十匁以上に及ぶ、形状略甘百目に似たりと雖も果面に黒線状紋を生ずること甚だ少なく、円形にして横断面稍方形をなし形状頗る整正なり、果面に必ず四条の斜線溝あり、臍部極めて僅かに凹陥し、果梗細く蒂窪殆ど無く蒂の外面と果底と水平を保てり、蒂片薄くして平滑なり、果皮淡色熟するに従ひ先端部黒線状紋を現すも亦全く之を現出せざるものも少なからず、肉質甘百目に酷似し脆くして褐斑稍多きも甘味多く中熟種中の優品なり、豊産なれども甘百目と同じく不結果の年若しくは若木に結実せるものの脱渋不完全なるは本種の欠点とする所なり、核子七八個を存す、九月中下旬に至れば早く既に脱渋すと雖も採収の適期は十月中旬なりとす兵庫県地方の月夜柿、岐阜愛知の妙丹、富山の旭出丸《ひのでまる》、三重県下にて梨柿或はクサイケと称するものは本種と同一なりと認む。

禅寺丸

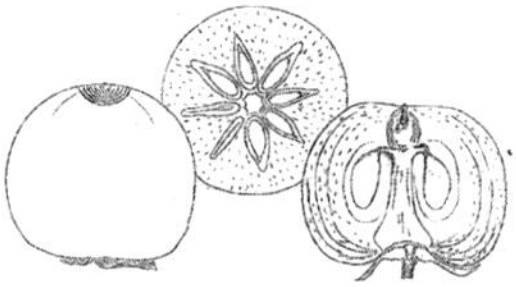
禅寺丸

神奈川県都築郡柿生村大字王禅寺の原産にして、俗に「キザ柿」と称し東京市場に最も多く現わるることは、皆人の熟知する所なるべし。

本種の来歴に就きては別に記録の徴すべきものにあらざるも口碑の伝ふる所に拠れば今（明治四十四年）を距る六百九十七年前順徳帝の建保二年前記王禅寺星宿山蓮華蔵院王禅寺中興開山等海上人、本堂再建の用材選択のため境内九十九谷の森林奥深く分け入りし時柿の一老樹あり而も其果実の見事に紅熟せるを発見し試みに之を採りて食するに味甘美到底他の柿果の比にあらざりしを以て上人輙ち之を坊の庭園内に移植し尚寺領地（今の大字王禅寺）内の農家を説きて之が繁殖栽培の事を計りしに農家も一般に其の良種なるを認め追々発達の機運に向かへり而も当時にありては単に各自の間食に供したるに過ぎずして未だ他の地方に販出する程に至らざりしが後徳川氏幕府を江戸の地に相するに及び初めて市場に現るるに至れり而して当時は形状の円形なるより之を丸柿と呼び尚王禅寺村より多数算出する所より王禅寺丸と称せしを元禄の頃市場に於て競売に附する際其の名を呼び悪きがため王の字を略し単に禅寺丸と称するに至れり。（中略）果は小にして三十匁を普通とす。正円形、臍部僅かに凹陥し、蔕窪浅し、果皮甚だ濃色にして充分熟すれば朱紅色を呈す、臍部を囲みて著しく黒線状紋を現す、果肉褐斑を有すること極めて多く肉質粗、風味に乏しく上品ならずと雖も充分熟すれば甚だ甘味に富み多汁柔軟となる極めて豊産亦風害に強し、有望なる品種の一なり、充分熟するにあらざれば果実の底部に渋味の残存すること多きは一の欠点とす。樹性甚だ強健なるも幼時より結実多きを以て放任するときは枝條の伸長鈍し故に幼時は過度に結実せしむるを避け樹の成長を助くること肝要なり枝梢細短分岐甚だ多し梢暗灰色を帯び斑点小さく紡錘形、芽は円味を帯ぶ、葉は小形にして葉柄僅かに褐色を帯ぶ。

静岡県引佐郡地方にて黒熟と称する柿は本種と同一なりと認む。

正月《しょうがつ》

福岡地方にて多く栽培せられ原と福岡県久留米市有馬伯爵邸に在りしものを附近の苗木商等が良品種なることを認め繁殖せしものにて其の親木は今尚同邸内にあり。

大の中果五六十匁を普通とす、上部に細く、臍端尖りて尖円形をなす、果面に浅き四条の縦溝を存す、果梗は短太にして其の果実に附着せる部分著しく肥大せるは特徴なりとす、肉質脆く略甘百目に似たり甘味多きも肉質稍硬く汁液多からざるの憾あり。品質甘百目天龍坊と伯仲す、核子多く普通八個を有す各核子は幅狭く且つ果心部に接近集合せる様他種と稍趣を異にす。（後略）

水御所

岐阜県本巣郡の原産にして外形肉質樹の状態等略富有に似たりと雖も、富有に比し果皮淡色、臍部極めて僅かに膨れ横断面稍方形をなす。要するに富有の如く正形ならず形状も稍小なるが如し、肉質富有に酷似し柔軟、甘味、多汁にして褐斑殆ど無く品質富有と伯仲の間にあり核子一二個往々皆無なるもあり十一月上中旬を採収の適期とす。樹性強健、葉は潤大にして淡色、葉柄赤褐色を呈するは富有と異なる点なりとす。

此の他晩御所、裂御所等御所系に属するもの多きも（中略）外観富有に似たるを以て凡て富有柿の名の下に売買せられつつありと云う。

御所

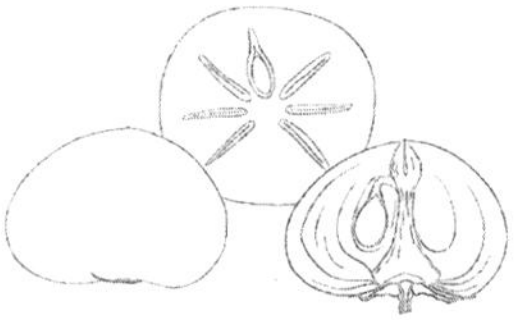

御所

蜂屋柿と共に古くより知られたる品種にして大和国南葛城郡御所村の原産なり。中果、偏円にして短き鈍尖円形をなし時に四條の甚だ浅き縦溝あり、窪広く深く窪辺甚だ豊円なり、充分熟すれば果皮紅色を呈す、肉質柔軟多汁、褐班無く品質極めて優等なり収量の余り多からざるを欠点とする。

枝梢は比較的細くして分岐多く、葉は小型濃色にして葉柄褐色を帯ぶ。

一種似たり（御所に）と称する品種あり、奈良県下にて盛んに栽培せられつゝある渋柿にして形状御所に甚だ似たり樽柿として賞用せらる。

ほかにキャラ、豊岡、八朔、奥州御所、絵御所、円座御所、四谷、霜降、鶴ノ子、平柿、御寺、水島、長鍔、八島、徳田御所、祖久、酒田、甘衣紋の18種について各柿の特徴が記述されている。富有柿の存在がどのようなものであるか。別項で矢崎亥八《やざきいはち》は、富有柿は甘柿の王様と明治43（１９１０）年に評価している。富有柿発見以来、１００年以上の年月を経て栽培法の変化、食する人の感覚や果物に対する思いや嗜好性の変化など、さまざまに言われる中で皆様の評価はいかがであろうか。

渋柿と甘柿

『実験柿栗栽培法』によると、「農商務省農事試験場園芸部は、明治43（１９１０）年及び44年に、全国各府県より当地に産する各種の柿果を蒐集《しゅうしゅう》し、総数３０００点について詳細なる比較対照し、45年10月、柿の品種調査として結果を公表した。果実のみの比較であるから正確なものか断定できない」としている。

その後の研究の積み重ねにより、現在では渋味の原因であるタンニンの種類や量、その消長のしくみが明らかにされ、さらに遺伝のしくみの研究などにより、甘渋性によるカキの品種は四つに分類される。平成16（２００４）年に出版された『新編農学大事典』（養賢堂）の中で山田昌彦が執筆した「カキ」の記述を一部改変して示す。

カキには甘ガキと渋ガキがあり、秋季に果実が着色して成熟した時期に渋みがないのが甘ガキ、渋みが軟熟する（熟柿）まで消失しないのが渋ガキであり、甘渋性は品種によって明確に決まっている。甘ガキは中国原産のごく一部の品種をのぞくと、専ら日本において生まれ、発達したものである。

甘渋性は、表に示すように四つに分類される。カキには種子ができると、その周囲から褐斑が生じ

甘渋性の分類

タイプ	果実の横断面の状態	品種
Pollination constantの甘ガキ（完全甘ガキ）		富有，次郎，御所，花御所
Pollination constantの渋ガキ（完全渋ガキ）		西条，愛宕，市田柿
Pollination variantの甘ガキ（不完全甘ガキ）		西村早生，禅寺丸，筆柿
Pollination variantの渋ガキ（不完全渋ガキ）		平核無，会津身不知，富士

『新編農学大辞典』養賢堂　山田昌彦

渋みがなくなる種類があり、種子の脱渋力が高く果肉全体に及ぶものを不完全甘ガキ、その脱渋力が低く果肉の一部しか脱渋しないものを不完全渋ガキとよぶ。不完全甘ガキの品種といえども種子ができなければ褐斑は生成しない。一方、種子の有無とは無関係に甘ガキである品種を完全甘ガキ、渋ガキである品種を完全渋ガキとよぶ。甘渋性の点から最も望ましいのは完全甘ガキであり、富有・次郎などの品種があるが、温暖地でないと完全に脱渋しない。

富有柿の特徴

明治時代の記述

明治31（１８９８）年に命名された当時の富有柿が、１００年以上経過したのちも同じ特徴を維持したまま今日に至っているという観点から、二つの論考を引用する。

第一の記述は、矢崎亥八が明治43年に書いた『美濃の國の富有柿に就て』（大日本農会報第３４３号）からである。同論文から以下抜粋する。

美濃の国の富有柿と称ふるもののごときは、その最も優良卓絶なるものの一つなるべし。ある人は此の富有柿を批評して、全国無比の逸品なりと讃えたり。もし夫れ其の中の最も優れたるものを試みんには、おそらくは是れわが甘柿の王にして、世界一の絶品と称ふることも、また強ち過賞にはあらざるべし。
富有柿といえるは、一に富有御所ともいふ。居倉御所より選出したるもののごとし。つまり御所柿の変種なるべし。（中略）
おそらくは御所といへる号名を付するものだけにても、その数実に数十種に及ぶべし。（中略）
富有柿の由来は、もと岐阜県本巣郡川崎村にあり。同村の一大字に居倉といえる所あり。
古来居倉御所の産地として名だかく、苗木穂木などを分布すること少なからず。（中略）
当時福嶌才治なる人あり。かねて居倉御所を栽培しつつありしも、なほ一層優良なる種類を発見せんことを心掛け、居倉御所の中より稍々変わりたる良種あるを認め、これを撰んで苗木の増殖に努め、名づけて富有柿と命じたり。これ富有柿の世に顕れたるの嚆矢なるべし。
然るに、岐阜県知事に野村政明といえる人あり。岐阜県農会の会長たりしが、柿の栽培に就いて熱心なる考えを有せり。かねて美濃の柿を以って名あるを知れるものから、いよいよ進んで優良なる種類を増殖せんと欲し、岐阜県農会の事業として、柿に関する展覧会を開くこととなし、（中略）県外諸種の柿の実も展覧に供され、その盛んなる実に意表の外に出でたり。然るに之れが審査の結果によれば、この会の多くの出品を以って、これを他府県の最良種と比較するに、毫も遜色あるを認めざるのみか、寧ろ優に其の上位を占め、特に其の間において前記福嶌才治の提出に係る富有柿の出品ありて、その名未だ高く世に顕はるるに至らざるも、その品位の優良なる真に驚ろくべきものありて、同会における一等賞の名誉は、遂に同氏の頭上にのみ落つることとなり、ここに富有柿なるものの声価は、忽ちにして一段の光彩を添へ、野村知事も亦た之れに満足を表して、これが増殖に努められたりき。
これ実に明治三十二年の出来事にして、所謂柿展覧会なるものの開期は十一月の十一日と十二日とに亘れり。

斯くて明治三十六年にいたるまでは、柿に関する特殊の催しもなかりしが、仝年十一月岐阜県農会は、時の会長にして岐阜県知事たる川路利恭氏の下において、蔬菜果実品評会なるものを開き、普く県下各郡に檄して、柿の実の出品は二百余点に達し、富有柿のごとき其の数乏しからず、擬賞の結果一等賞十点の内、柿の実は其の四点を占め、その間富有柿に属するものは本巣郡川崎村福島青柴、仝郡真桑村岡崎永吉の両出品にして、その品位の優秀佳良なるは、他の出品を圧倒して顔色なからしめたりき。然り而して明治三十七年十一月、さらに第二回蔬菜果実品評会の催しあるや、その出品点数は五百六十一点にして、前回に比し少々其の点数を減じ、柿の出品は一百六十一点に過ぎざるも、その品位いずれも優良にして、一等賞十点の内、柿の実は四点に上り、その三点までは皆富有柿に属し、これが出品者は本巣郡船木村馬渕庄之助、仝郡七郷村小島甲子郎、安八郡南平野村小寺七之助の三氏にして、いずれも大いに面目を上げ、時の会長たる川路知事よりは、これを宮内省に献納して賞辞を与え、時の審査長たる恩田技師よりは、これを賛美して奨励を与え、なお県当局者よりもそれ〳〵誘導を加えたりしかば、富有柿なる名は、茲に著しく人の注意を引き起こしこれを栽培するものは、日に月に増加を来たして、接穂を行うもの、苗木を新植するもの、年にます〳〵多きを加え、付近の各町村は勿論、汎く美濃各郡に伝播して、これが栽培に熱中するもの少なからず。

(中略)本巣郡席田村字郡府の栽培熱心家松尾勝次郎氏より、標本用として採収したるもののごときは、普通品中の最上なるものに属し、その重量正に七十匁にして、縦径二寸の高さを有し、横径は楕円なるを以って、長き方二寸八分、短き方二寸六分、その周囲実に九寸に達し、その最も大いなるものは一百匁にも余るものあり。形状は扁円にして稍々楕円をなすを常とし、かつ其の頂部平らかにして尖らず。周りに円く肥満するの性あり。（中略）その果皮は帯紅黄色にして、鮮やかなる光沢を有し、その充分に熟するに及べば、さらに濃厚なる紅色を加へて、外観実に美つくしさに堪えず。しかもその色たるや、他の熟柿のごとくに水色を帯ぶることもなく、なほ普通の赤柿に見る所の褐色を交ゆるにもあらず、げに其の果皮の美つくしさつやつやしさ、斯くのごときは蓋し稀れなるべし。要するに富有柿の形状色沢は、誠に善く人の嗜好に投ずるものにして、その外観を一瞥したるのみにても、早く既に其の良種たるを察し得べきなり。更に富有柿を解剖してつらつら其の内部を研究するに、核の数は其の母樹に由りて異なり、また其の果実毎に変はれるものにして、一概に之れを示しがたしと雖も、其最も佳良なるものにありては、通例一二個に止まるもの多く、されど稀れには五六個に上ぼり、また時としては全く之れを欠けるものあり。（中略）美濃地方の俗に言う所に従えば、元来御所柿といへる名の起りは、核無く心髄細くして、高貴の方々の前においても、核を去るの労なくして、容易に之れを食い了るの便あるがため、これを御所柿と命名して、その御用となすに適したるを示めせるなり。（中略）

富有柿の実は、その切口鮮黄色を呈し、かつ少しく紅色を帯び、なほ其の果肉の中には、かすかに、褐色の斑点をも交ゆることあり。肉質は甚だ緻密にして、舌頭さらに滓を止めず、豊肥多奨にして味ひ宜しく、これを口中に含む時は、おのづから溶くるがごとき感を与へ、その甘味は甚だ高尚にして、優良なる砂糖を嘗むるがごとき、一種言うべからざるの快感を覚ゆべし。而して其の未だ軟熟に達せざるものは、果肉策策として歯応えを有し、好事家の最も喜ぶ所なるも、その充分に軟熟して、所謂熟柿の程度に達する時は、果肉透明にして善良なる飴のごとく、しかも其の果皮ますます紅色を深くし、美観いよいよ美観を加ふるにいたるべし。果実店頭累々たる美果の陳列せらるる間において、一際目立ちて秀でたるものあるは実に之れがためなるべし。

１０８年前に本巣郡郡府村（現本巣市郡府）の松尾勝次郎の柿畑から収穫した富有柿に関する記述である。富有柿の特性について詳述された最初の論稿とされる。

これを書いた矢崎亥八は、同じ『大日本農会報』第３４４号の中で、次のようにも記し、富有柿を褒めたたえている。

美濃の国の富有柿といえるは、少なくも現時における甘柿の王たるべし。これを他の府県に移して果たして同一の品位を保つや否や明らかならず。しかれども普通の御所柿の適する所にありては、この柿を栽ゆるも、また適するに相違なからむ。（中略）屋前屋後不要の樹木を伐採し、これに換えて生産の増加を努むべし……

現代の記述

第2の論考は矢崎亥八の論文からから86年後の、平成８（１９９６）年に発行された『新編原色果物図説』（養賢堂）の「主要品種の特性」の中で山田昌彦が富有柿の特徴を書き記したものである。

富有（Ｆｕｙｕ）　異名居倉御所

樹性

樹姿は開張性で樹勢はやや強い。節間が長くて新梢が長い。下垂しやすいので、側枝の更新につとめる必要がある。陰芽からの新梢の発生は容易である。萌芽・展葉期は遅い。炭そ病には弱い。

結実性

雌花は着きやすく、開花期はカキの中では遅い。雄花は着生しない。単為結果性はやや低く、安定生産のためには受粉が必要である。種子形成力は高く、一般に昆虫による受粉に頼っている場合が多い。受粉がある程度行われれば、早期落果は少ない。後期落果性もなく、豊産性である。しかし、結果過多になると、翌年の花が減って隔年結果するため、摘らい・摘果によって適正量に着果を制限することが重要である。大果良品生産のためには、10a当り2～2.5t程度が標準である。

果実特性

晩生の代表品種で完全甘ガキであり、一般に11月中下旬が収穫期である。果実の大きさは平均280g程度である。日持ち性が長く、一部は0℃で1～3か月冷蔵貯蔵される。果皮は赤いが、果頂部のカラーチャート値6程度が収穫適期である。果形は整っており、玉揃いも良好である。

甘味は中程度で、一般に15～16%程度であるが、果汁が多く、肉質も本来軟らかいほうであり、食味が優れている。肉質は完全甘ガキの中では粗いほうであるが、粉質化しない。脱渋性が優れており、比較的温度の低い地方でも脱渋するので、完全甘ガキの中では地域適応性が広い品種である。果汁が多くて渋抜けがよいことから、家庭果樹としては硬い未熟の時期から食べられ、硬い品種としてのイメージがあるが、完熟した果実は果肉が軟らかくなる。

へたすき性がややあるため、大きなヘタの花を残すとともに、スムーズに肥大させる水管理が重要である。汚損果の発生は少ない。

育種的利用
富有の特長である栽培の容易性・外観・脱渋性・多汁性を生かそうとして富有を親とした交雑育種が行われ、富有に由来する伊豆・陽豊・東京御所・かずさ・太秋といった完全甘ガキ品種が育成されている。
（中略）
生産状況
生産力が高く、安定していて、果実の外観、肉質、日持ちが優秀で脱渋性が優れる完全甘ガキであるため、日本のカキ栽培において過去、現在とも最も主要な品種である。１９９２年の統計では、富有が7、５２０ｈａ（1位）、松本早生富有が1、５６２ｈａ（4位）である。
適地は、北九州から中・四国、近畿、東海を経て関東南部に至るベルト地帯であり、主産県は、福岡、岐阜、奈良、和歌山である。それより南の地帯では温度が高く、糖度、果実肥大、着色が劣るほか、多雨と台風のため栽培がむずかしくなる。また、これより冷涼な地方では脱渋が不完全になるとともに十分に成熟できない。

これを読むと、明治43（１９１０）年に矢崎亥八が記述している富有柿と同様の形状・風味共に優れた品種特性を発揮していることが分かる。国内では福島県を北限に四国・九州まで富有柿の栽培が行われている。

「富有」から生まれた新品種

すなみ柿

瑞穂市原産の柿の品種には、これまで書き連ねてきた「富有」ともう一つ「すなみ」がある。品種登録されたのは、富有と命名されて90年目にあたる昭和63（1988）年8月18日である。

発見者は本巣郡船木村（現瑞穂市）の杉原作平。作平の六男克己氏によると、明治38年生まれの作平は、大正時代に入ってから富有柿づくりを始めた。同村では早いほうで、以降、丹精込めて富有柿づくりに努力を重ねた。「柿畑に行くときはハサミを持っていけ」が口癖だったという。

柿づくりの経験を重ねていたあるとき、船木村を走る樽見鉄道の線路から東約400メートルあたりの自分の柿畑で、ひときわ目立つ立派な柿の実を見つけた。杉原はこの実がなった木を大切に育ててその枝の伸長を促し、その枝に実った大きな富有柿を岐阜県の共進会に出品したところ、優等賞を獲得した。昭和25（1950）年のことである。

杉原は他の木とは別格の実を付けるこの「枝変わり」から苗をつくって増やすことにし、その木の枝を穂木として苗木30本を育て植え付けた。そのとき植えられた柿の木は大きく育って原木とともに現在も杉原家の柿畑に残されている。このすなみ柿の原木のある畑の入り口には、平成2（1990）年に作平の顕彰碑が建立された。

すなみ柿の畑に建立された杉原作平の顕彰碑（瑞穂市十七条）

1　すなみ柿の特徴

岐阜県果樹苗木農業協同組合の果樹苗木カタログに、すなみ柿の特徴はこのように記されている。

・樹

樹勢は強く、結果母枝は長く伸び、花芽の着生は「富有」よりかなり多い。頂より12〜16芽まで着生するので、せん定時に2〜3芽切除してもよい。豊産性で、かく年結果はほとんどない。

・果実

扁円形で果頂部はわずかに4本の斜線がある。果色は、「富有」に比べて紅色で光沢があり美しい。肉質は密で、糖度は15〜16％、多汁で甘味が強い。果重は３００〜４００グラムが中心で、大果であり、玉ぞろいは極めてよい。

成熟期は10月下旬〜11月上旬で「富有」より2週間早く、松本早生富有よりやや遅い。

「すなみ」柿

昭和の初めに富有柿から発生した「枝変わり」の一枝を見守り、その違いが明確になってから、関係者の評価を受けるまでに20年余り、さらにバラつきがない固定した能力が年々継続安定した成果を発揮することを確信するのにさらに30年ぐらいかかっている。そして、やっと昭和61（１９８６）年に新品種「すなみ」の登録申請に踏み切った。

昭和62年秋には農林水産省の担当審査官２人により、柿の色や大きさ、糖度などについて現地調査が実施された。この年のすなみ柿は登録前のため、母木の品種、富有柿の名前で売っていたが、24個入り進物用柿1箱が1万円ほどで飛ぶように売れたと報じられている（朝日新聞　昭和63年4月6日付）。

そして昭和63年、すなみ柿が色づき始める10月14日に農林水産大臣により新品種として登録され、当時の巣南町の岡田守町長から「すなみ」の登録証が育成者杉原作平に伝授された。

昭和53年の種苗法改正以来、柿では全国10番目の新品種となった。苗木出荷は昭和61年が4千本、62年が8千本、出荷先はいずれも県内である。そのころの相場は、富有柿1本約４００円に対し、2千円以上で取引されていた。

「これまでにいろんな人にお世話になった。そのご恩返しができたようでうれしい。新品種の苗木販売は私が組合長をしている岐阜県果樹苗木農業協同組合に任せます」と杉原作平は新聞紙上で話している（中日新聞　昭和63年10月15日付）。

登録申請にあたっては、新品種の名称は作出者の名前をつけるのが一般的だが、あえて町名の「すなみ」とした。また、品種登録をすると、当時は18年間、生産や販売などを独占する権利を持つことできた。しかし、この権利を苗木組合に託して組合の力を蓄えるよう配慮してくれた。いずれも杉原作平の美学である。

第1部で「微妙な適地」と書いたが、この地の天地の恵みに加え、先祖の地道で絶え間ない努力、そして一筋の願いと希望を持ち続け、50年を経て成果が形となり現実のものになった。

現在、瑞穂市となったわが故郷巣南地区に、富有柿に加えて二つ目の甘柿すなみ柿が誕生したことは、大きな喜びと誇りであり、同時に苦労の末生まれたこの柿を子孫に伝えていく責務も背負っている。

「すなみ」柿の品種登録の経過

昭和61年2月　品種登録のための調査開始
昭和61年12月3日　「すなみ」品種登録申請書提出
昭和61年12月8日　「すなみ」品種登録申請書・出願受付整理番号第2084号で受理
昭和62年10月28日　農林水産省より現地調査
昭和63年4月28日　種苗法による出願品種の内定　官報に公表
昭和63年8月18日　「すなみ」品種登録番号第1683号　官報に公表
昭和63年10月13日　農林水産省より品種登録証が届く

再録『富有柿とその原木』

この本を制作するにあたって、最も参考にした文献は、地元の故小倉淳一が昭和46（1971）年に執筆した『富有柿とその原木』である。

これは富有柿の父福嶌才治の50回忌法要にあたり、その業績を書き記した遺作で、才治の出自や富有柿命名の経緯、産地化当初の話、才治の人柄などが綴られている。

当時を知る人がほとんどいない今となっては得がたい貴重な冊子であり、その内容はもっと多くの地元の方々に知ってもらってしかるべきであると思い、最後に当時の冊子の体裁と内容をほぼ生かし、「壬申戸籍」の箇所は削除して掲載することにした。

＊本文中、福嶌才治の父親青柴の旧名が仙造となっている箇所があるが、正しくは仙蔵である。また、p．132の2行目と4行目の小倉初衛は小倉長蔵の誤り。

昭和四十六年一月

富有柿とその原木

小倉淳一編

富有柿とその原木

甘柿の王座を占める富有柿の原産地は岐阜県本巣郡巣南町居倉である。

富有柿は御所柿の改良種である。開発者福嶌才治が、遺伝学の知識をもとに在来種御所柿の集団から選抜して系統の栄養繁殖の方式――即ち個体選抜――系統選抜法で成果を収めた新品種である。

新品種に「富有柿」と名づけたのも福嶌才治である。

富有柿が国立興津園芸試験場長農学博士恩田鐡彌によつて江湖に紹介されたのは、一九〇二年（明治三五年）のことである。

福嶌才治は、肥培管理を研究するかたわら、品評会、共進会に出品して宣伝すると共に苗木を生産して富有柿の普及に努めた。福嶌才治の呼びかけに最初に応えたのが松尾勝次郎である。

一九〇七年（明治四〇年）糸貫町（当時席田村）郡府の松尾勝次郎が、福嶌才治から成木二十本を譲り受けて「柿畑」を造成した。続いて翌年同村松尾松太郎も約五十本を栽植両名の提唱で郡府区内は一九一〇年までの間に在来種を排して、富有柿の産地形成を行つた。篤農家田中栄助が技術経営の指導に当り、販路を東京に拓いて、郡府の富有柿栽培農家は成功した。

一九二八年（昭和三年）現天皇即位式の大嘗祭に際し、松尾松太郎が「机代物」として富有柿を献納したことによつて「富有柿は岐阜県特産品」であることの地位と名声を確立した。

爾来全国各地の柿栽培農家の注目を集め、広く生産されるに至つたが、岐阜県庁は農業試験場等研究指導機関を中心として栽培技術の向上改善を指導するほか出荷体制を整え販路の開拓拡張を図ると共に、本県における園芸農業振興の一翼を担うものとして、富有柿濃密生産地形成に積極的な施策を講じるようになつた。

福嶌才治が柿の品種改良に着手したのは一八八四年（明治一七年）のことである。即ち富有柿の歴史はわずか八十七年に過ぎない。それにも拘らず、原産地、原木、命名者について異説をなす者や誤伝があるので、現存する関係者や福嶌才治の遺族等の証言をも得てここに開発者福嶌才治の業績顕彰と併せて異論排除の資としてこの小史を草する。

第一章　福島才治のこと

（中略）

福嶌才治の父青柴は、　通称を仙造と言い、明治維新の激動期に処して骨董商を営み交友関係が広かつた。旧大垣藩医柏瀬某の知遇を受けるに及んで、一子才治を同家に托しその訓育を乞うた。才治は素質にめぐまれ、医師を志し十七才のとき岐阜病院の実習生となり同病院長佐々木曠の指導を受けその将来を期待された。同期生に後の岐阜病院副院長渡辺柳吉がいて、終生深交があつた。才治は惜しくも健康を害し、医師を断念帰郷した。才治二十才のとき父青柴が隠居して家督を相続するが、向学心の強い青年才治には無為の日日が甚だ苦痛であつた。たまたま当時一般に居倉御所と称された当地の甘柿中、隣家小倉初衛方のそれが形状風味共特に優れていることが話題になつていたのでこれを素材として柿の品種改良を思い立つた。彼は、医学研修の過程で得た知識を活用し、青年の情熱を傾注して、未知の分野にそのすぐれた才能を発揮した。

十数年間の研究と、機会あるごとにその成果を世に問う熱意は、遂いに当時果樹園芸界の最高権威者と言われた恩田博士との出逢いとなり、新品種「富有柿」として大成した。才治は、半生の苦心の集成である富有柿を最高に権威あらしめるため、天皇に献上することを当局に願い出て採納の光栄に浴した。恩田博士との出逢いから三年目のことである。

採納を証する文書が当時川崎村長であつた伊藤豊吉の二男伊藤勇（一ツ木）方に秘蔵されている。扁額にしてあるが表装の際、欠損部分を修正（「ヨリ」を「長」と誤訂正）している。

因にこの貴重な資料が伊藤勇方に伝えられたのは、同人が美濃加茂市山ノ上に移住、果樹園を経営の折、父豊吉が私蔵のものを記念に贈与したもので、由来については前述の福島才治願出に対する採納書であることを確認している。

一富有柿　壹籠
右岐阜県本巣郡川崎村農会
ヨリ献納願出ノ趣ヲ以テ伝
献被致候
ニ付

御前へ差上候此段申入候也

明治三十七年十一月二日

宮内大臣子爵　田　中　光　顕

岐阜県知事　川路利恭　殿

才治は偉才であつた。彼の布石は着々功を収め、果樹園芸家の注目を集めた。松尾勝次郎同松太郎等が富有柿の集団栽培の先駆となつたことも彼にとつて幸運であつた。彼は農地を持たなかつたので自らは栽培農家とはならなかつたが広い宅地内で苗木を生産する傍ら研究を続けて終生富有柿と共に歩いた。

彼は書を能くし、俳諧にも通じた。父青柴の歿後はその業を継ぎ、近隣の素封家と交り又祕かに需に応じて診療をも行つた。山高帽に白足袋姿、人力車で往来する等、当時の農村には特異な文化人的存在であつた。

一八九五年（明治二八年）不破郡長松村富田貫誠の二女みさをと結婚、三男三女の父となつた。妻みさを（一八七一－一九五四）は育児の傍ら、和裁を教授して家計を助け、品種改良に没頭する才治を励ました。

才治は一九一九年（大正八年）病を得て五十五才で歿した。（三男成事が家督を相続、翌年故あつて一家を挙げて岐阜市に転居、現在（一九七〇年）岐阜市菅原町三丁目に居住。尚、分家した長女玉枝、他家に嫁した三女志津等も岐阜市に在つて健在である。）

第二章　原木のこと

福嶌才治が柿の品種改良を思い立つたのは、隣家小倉初衛方の御所柿が形状風味共に特に優れているのに着目したことにある。彼は小倉初衛方より接穂を請受け、自家の成木に接木して、その結果を比較観察した。成果が良好であつたので青年の情熱を傾注し、遂いに彼の後半生を富有柿と共に歩かせることになつた。

才治が最初に接木を試みたのは一八八四年（明治十七年）彼二十才のときである。その後近郷近在の御所柿に特別な関心を払い接穂を求めたようであるが、他は何れも伝承であり、且つ現存していない。

尚、福蔦才治が苗木の生産に入つた頃「直接原木から接穂を得たい。」と小倉初衛方に申し出る者も相次いだので小倉初衛も亦需に応じて年々接穂を頒つていることからも、創生期に於て福蔦才治によつて伝えられた結果であつて「富有柿の原木」は小倉初衛方に現存する古木であることは確実である。

この原木は一八二〇年頃、小倉初衛宅（居倉七六一番地）母屋の東側に小倉初衛の曾祖母ノブが御所柿一本を植えたものと伝えられている。

ノブは一七六六年（明和三年）に生れ、一八四二年（天保十二年十二月十日）七十七才で歿した。一子八平（通称八右エ門）と一家を創立し、農業にいそしんだ。八平の妻ゆきは本巣郡糸貫町屋井、松浦太郎右エ門の二女である。八平八十三才ゆき七十五才歿している。その子長蔵妻ふさの（通称のぶ）の長男が初衛である。長蔵は、一九〇九年（明治四十二年八月二十三日）六十六才で歿しているが、そのとき初衛九才である。幼くして家督を相続した初衛は隣家の福蔦才治によつて開発普及された富有柿の原木所有者として、幾多の苦難に堪え地元有志や市場関係者等の支持応援を得て、その保護保存に努めて今日に及んだ。特に一九二一年（大正十年）九月二十五日の暴風により原木が倒伏し、甚しく損傷したにも拘らず、これを護得したことは称賛に値する。

一九二五年（大正十四年）川崎村農会が役場や県と協議して「富有柿の原木」保存顕彰をすることになり、同家表入口東側に移植、標識を建て、垣をめぐらすなどして保護した老大木が倒伏の後数年にして再び移植されたため、一時は非常に衰弱したが、基部から出た新芽が成育して原木は残つた。

第三章　「富有」という名について

明治時代には品評会、共進会、展覧会、博覧会がさかんに行われて、採長補短と流通拡張の場として、大いに産業振興に寄与した。福島才治も機会あるごとにその試作改良の柿を出品した。最初は一八九一年（明治二十四年）のことである。その後賞を受け好評を博したので、新品種として然るべき名を冠しその真価を世に問おうとした。当時は僅かに岐阜の市場で「居倉御所」と称され少量の取引が行われたにすぎなかつた。たまたま一八九八年（明治三十一年）岐阜県農会主催の柿の展覧会が岐阜市で開催されるのを知り「福寿」「富有」の二案をもつて、親交のあつた川崎尋常小学校長久世亀吉に示しその意見を求めた。久世は「富有」を採用することを勧め、古典「礼記」の「富有四海言々」を引用解説した。福嶌才治は久世亀吉の助言に力を得て「富有柿」と命名した。前記柿展示会において一等賞の栄誉を受け、賞品としてせん定鋏二丁を授けられた。（このはさみは一九四五年岐阜市の戦災により他の資料と共に焼失した。）

因に命名には異説が二ある。その一は岐阜県知事小崎利準命名説であるが、小崎知事は濃尾震災復興にからむ疑惑を受け一八九三年（明治二十六年）退官しているので柿展覧会に関係が無い。

その二は恩田博士命名説である。同博士が園芸界に紹介したのは一九〇二年（明治三十五年）であり、又学会の慣行からもあり得ない。

第四章　富有柿の特徴

その成果につき原木の実と接木の実とを比較するに、原木の形偏平にて種子七八ケ接木のは中高にて種子三、四ケありて風味も多少の相違あり。全てにおいて接木のもの優れり。

初期一般に流布された富有柿の特徴であるが専門家は次のとおり表現している。

（農事百科事典より引用）

富有柿　岐阜県本巣郡原産

一九〇二年　恩田鐵彌紹介

十一月上中旬に熟す。完全甘味、大果、扁円形、橙紅色、褐斑小さく少、果肉紅色、肉質締りや、密、柔軟多汁、甘味多、品質上、貯蔵輸送性良、樹勢強し。開張性、単為結果性弱し。豊産性

栽培地は広いが、暖地の肥沃な土地を好む。

炭そ病に弱いので多雨地帯は不適

単為結果性が弱いので、授粉樹の混植や人工授粉が必要

柿が果樹園芸会に登場するのは明治年代になつてからのことである。特に甘柿は貯蔵性に弱く、輸送に制約の多かつた封建社会では、甘柿が市場に流通することは出来なかつた。その上土地制度や貢租制度など封建時代の農民には、米麦中心の営農が強いられ、柿はせいぜい自家用として宅地に栽植されたに過ぎなかつた。それでも古くから特定の土地に甘柿として知られていたものはあつた。禅寺丸、大和御所、次郎、百目等がそれである。

富有柿は、大和御所柿から出たが、大果豊産、全甘味と極めて優れた経済性を具備し、遂いに御所柿をしのいで甘柿の王座についた。

第五章　富有柿の普及

福嶌才治が品評会、共進会等に出品して、優秀賞を受けたことは、同時に富有柿に対する一般の関心を高らしめた。特に恩田博士が直接才治を指導する一方自らこれを広く園芸界に紹介したことが富有柿栽培を促す端緒となつた。更に才治が天皇の供御に献納したことで富有柿が果樹園芸上極めて有利な作物として広く注目されるに至つた。

才治は、苗木の生産に着手し、実生の台木に接木する量産の途を拓いた。これを受けて既に述べた松尾勝次郎等の産地形成となり、その成功が栽培農家を拡大して急速に普及した。才治は苗木の生産を業とはしなかつたが、友人知己には自産の苗木を頒けて栽植を勧めた。

一九一〇年代に入つて苗木商が富有柿の苗を取扱うようになつた。同族の福嶌護司が雑貨商を営む傍ら接木生産を始めた外、現巣南町（当時船木村）美江寺の馬渕久雄（先代）が手広く商うようになつて、急速に県外にも栽培されるようになつた。同家は、株式会社富有園と号して今日も苗木商として活躍している。この外前述の松尾勝次郎、松尾松太郎や岐阜市菅場の北川半助等も富有柿苗生産業者として著名であつた。

これ等苗木業者の活躍により、和歌山、奈良、愛媛各県の外、山梨、鳥取等果樹園芸農業の盛んな地方が原産地の本県より進んで富有柿を導入して有力な産地として発展した。

一方原木から接穂を直接採りたいとする好事家が続出し、小倉初衛は毎年相当量の接穂を有償頒布した。これ等希望者の書簡や送状控その他接穂頒布を証する資料が散逸したので、玆に小倉初衛の談話を録して史実を証しておく。

小倉初衛談

福嶌才治さんのおかげで、うちの柿の木が有名になつてから毎年原木から採つた接穂がほしいという人が大勢出来ました。どおせ柿の木はせん定せんといかんので、切り捨てる枝が銭になることたうまい話だもんで、ほしがる人に分けてやりました。遠いところでは岡山県の人や朝鮮へ行つた人から手紙で行つてきたこともあつたんで、いろいろ考えて枝が枯れんように牛大根にさし込んだり、水苔で包んだりしたものを小包郵便で送つたもんです。私が十五、六の頃から二十才まで位のことで世間のこともようわからず苦労した頃のことです。

一本幾らで売つたかよう覚えておらんが小使銭にはなりました。

第六章　献上品、贈答品、商品としての富有柿

一九〇四年（明治三十七年）天皇に富有柿を献上したことは既に述べたが、庶民が直接願い出ることはなく、村農会や村役場が知事を経て手続を取つた。前掲の採納書に「川崎村農会ヨリ」とあるのはこの為であるが、福嶌才治は皇太子（大正天皇）にも献上している。これが前例となつて貴野紳士の岐阜県来訪や岐阜県通過の際に富有柿が献上、贈呈品となつた。美江寺の馬淵久雄所蔵の採納書に一九一一年天皇が福岡県へ行幸に際し献上された旨記載されている。（願出人不明）

郡府の松尾等が収穫をあげはじめた大正年代になつてからは、県や市が要路に贈物として富有柿を使用することが多く、富有柿は愈々岐阜県特産品として広く認められた。

一般人も之に倣い毎年秋になると駅や郵便局に贈物の富有柿の包が山のように積込まれる。

他面富有柿が商品市場において秋の味覚を代表する果物として、組織的に大量に出荷されるようになつたのは、一九二三年生産者によつて本巣郡富有柿販売組合が結成されたことにはじまる。初代組合長は炭千代吉である。続いて一九二六年に本巣郡農会が販売斡旋業務を開始し東京、大阪、名古屋、京都、神戸等大消費市場に進出し、名声を博すると共にその生産を一層増大させた。

一九三一年五月本巣郡北方町に本巣郡富有柿物産株式会社が創業、一九三四年九月には同地に丸本柿市場が創業する等夫々販路を拡張し、富有柿の声価と市場性は急速に高くなつた。岐阜市の市場業者も競つて取扱い、遂いに朝鮮、満州、上海にまで輸出されるようになつた。

この間青果としての富有柿を長期間貯蔵しようとする研究が県農業試験場をはじめる各方面で行われ、至難とされた甘柿も数ケ月の貯蔵可能となり、一九六八年に原産地の巣南町に於いてこれが企業化された。画期的なことである。

柿翁福嶌才治歿して五十年、翁の業績は翁の後に続く人々によつて、本県特産の一主柱として本県果樹園芸農業界に見事結実した。百五十年の風雪に堪えて生き残つた原木と共に・・・・・。

附　富有柿年表

年次	記事
一八二〇	小倉ノブ一本の柿苗を植える。
一八六五	福嶌才治生れる。
一八八四	福嶌才治　小倉初衛方の御所柿の枝で接木を試みる。
一八九一	福嶌才治　岐阜市で開催の品評会に始めて出品入賞する。
一八九八	福嶌才治　岐阜県農会主催の柿品評会に「富有柿」と名を冠して出品一等賞を受ける。
一九〇二	福嶌才治　岐阜市で開催の関西府県連合会共進会に富有柿を出品一等賞を受ける。このとき審査長国立興津園芸試験場長農学博士恩田鉄彌の審査と吟味を受け激賞され、併せて広く紹介される。
一九〇四	天皇の供御に献上嘉納される。

一九〇七　本巣郡糸貫町郡府の松尾勝次郎が福嶌　才治より成木二十本を買い受け郡府に栽植

一九〇八　同地松尾松太郎も約五十本を栽植

一九〇九〜一一　郡府区内の農家は全員富有柿に転換し、県内最初の産地を形成した　この頃篤農家田中栄助が郡府を中心として附近一帯の栽培者を指導している。

一九一〇〜一七　福嶌才治　苗木生産、宣伝普及に努める。　原木所有者小倉初衛も接穂を頒布する

一九一九　福嶌才治　五十五才歿する。

一九二一　小倉初衛所有の原木暴風により倒伏損傷

一九二五　富有柿原木保存顕彰のため移植、標識等建設

一九二八　現天皇即位式に際し、松尾松太郎が大嘗祭の机代物として富有柿を納入

一九六八　富有柿貯蔵法企業化される（定恒湿特殊倉庫が巣南町十七条に建設

創業）

後記

この小史を柿翁福嶌才治五十回忌に当り翁の霊前に捧げる。

編者識るす

編集後記

編集委員長　林　嘉道

今から5年前の2014年のことである。「居倉御所」と呼ばれた柿に目を留め、さかのぼること120年余り前の明治時代後期に「富有柿」と名付けて全国に広める努力をした福嶌才治に感謝する会を催してはどうかという声が上がった。その催しでは、私たちの先祖の多くが富有柿づくりを生業として取り組み、暮らしてこられたことに感謝しよう、そして、全国の富有柿ファンに私たちの思いや取り組みを伝え、さらなる応援をしてもらおう。そのような趣旨であった。

関係者の尽力により、翌年の10月18日、「2015富有柿発祥の地・みずほ感謝祭～福嶌才治さんありがとう～」と銘打って第1回感謝祭が開催された。私たちはこの行事に取り組む中で今まで当たり前に接してきた富有柿がとてもまれな存在であり、しかも100年以上も「甘柿の王様」として人々に愛されてきていることを知った。

富有柿を守り続けることと、富有柿の歴史を子孫に伝えることとは、瑞穂市で富有柿に関わっている者の務めであり義務であると思うようになった。そうこうするうちに毎年の感謝祭だけでなく、後世に残る本も作ろうという機運が高まり、瑞穂市とJAぎふ、学術経験者お二人の協力を得て編集委員会を立ち上げ、平成29年3月7日、第1回の編集委員会を開催した。以降、30回近い会合を重ね、やっとこの本の完成を見ることができた。

本づくりは巣南町史を調べることから始まった。そして、小倉淳一編の『富有柿とその原木』と岐阜県が作成した『富有かきの由来』に出合った。ともに柿に関わりを持つ限られた関係者が所持するホチキス止めの小冊子である。

　この二つの冊子や巣南町史、そして数多くの富有柿関連の文献などを手掛かりにして、福嶌才治の身内を訪ねて話を聞くことも進めた。２０１７年4月17日、福嶌家を二度目に訪ねた折には、自分が家族と話をしている間、同意を得た上で同行していた編集委員に仏壇の中に何か遺品がないか探してもらった。なかなか見つからなかったが、「きっと何かあるはず」と何度も声をかけた。引き出しから何から隅から隅まで、どれくらいの時をかけただろうか……。

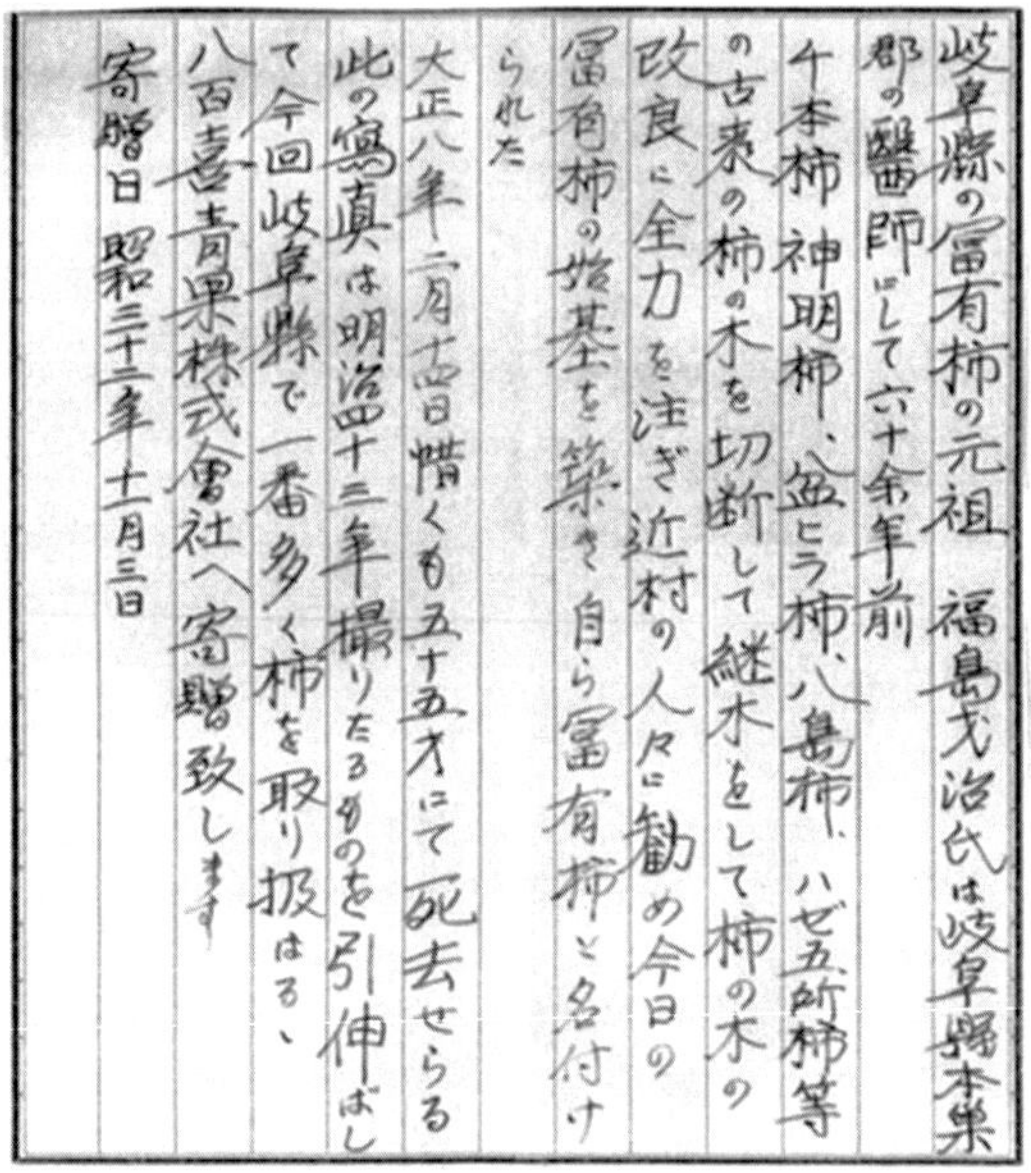
岐阜縣の富有柿の元祖　福島才治氏は岐阜縣本巣
郡の醫師にして六十余年前
千本柿 神明柿、盆ヒラ柿、八島柿、ハゼ五所柿等
の古来の柿の木を切断して継木をして柿の木の
改良に全力を注ぎ近村の人々に勧め今日の
富有柿の始基を築き自ら富有柿と名付け
られた
大正八年二月十四日惜くも五十五才にて死去せらる
此の寫真は明治四十三年撮りたるものを引伸ばし
て今回岐阜縣で一番多く柿を取り扱はる、
八百喜青果株式會社へ寄贈致します
寄贈日　昭和三十三年十一月三日

福嶌才治の写真と一緒に発見された説明書き

　果たして、口絵冒頭にある才治本人の顔写真に出合った！

　すべてを戦災で焼かれ、才治の遺品は何一つ残っていないとされていたのに……。居合わせた当家の方々も初めて目にする写真であった。私たちの取り組みを知ってか、才治が舞い降りてくれたかのようだった。しかも、写真の説明がついていた。説明を書いた人は記されていないが、文面から巣南村長か川崎農協の組合長ではないかと想像する。これは誰の写真であろうかと聞かなくても福嶌才治であるという証明書付きの写真であったことも驚きである。

　取材する中でもうひとつ感動したエピソードがある。本巣市郡府で富有柿を広める仕事を始めた松尾勝次郎の末裔を訪ねた。初代勝次郎の孫は、そのとき83才であったが、新しいスピードスプレーヤーを買ったばかりだという。思わず、「跡継ぎさんは、柿づくりをやってくれますか」と聞いたが、「無理だね」との答えだった。柿づくりに対して決然たるものを感じた。

瑞穂市の森和之市長には、あたたかい挨拶文をいただいた。神奈川県川崎市の「柿生禅寺丸柿保存会」元会長の中山茂様は、富有柿の本をわが事として喜んでくれた。多用の中、原稿を寄せてくれた皆さま、取材に応じてくれた皆さまに厚くお礼を申し上げる。それらの文面には取り組みの志や願い、そして工夫など大変な意気込みがうかがわれたが、全て余すことなく意を汲むことができたかは気がかりである。

この本は多くの文献を参考にさせてもらった。古い資料が多く、できる限り出典を明示しようとしたものの、中には出版社を突き止めることができなかったものもある。なにとぞ寛恕《かんじょ》のほどを願う。

「甘柿はいかに生まれにくい存在で遺伝のしくみも渋の消長のしくみも複雑である。特に富有柿はこの地で特異的に発祥したものである」ことを教えてくれたのは山田昌彦氏の『品種改良の日本史』第15章「カキ」である。富有柿の起源という最も知りたいことをこの本は教えてくれた。全くの素人が富有柿の歴史に取り組んでいるときにこの本に出合うことができ、深く感動した。加えて丁寧に関連箇所の校正までしていただき、感謝の極みである。

読みにくい原稿をパソコンでデータ化し、本のおおまかな姿を見せてくれたのは岡部義明氏である。指導や助言をお願いした方々は編集委員会のたびに横道から引き戻してくれた。岐阜新聞情報センター出版室の浦田直人氏は最後の仕上げ作業をしてくれた。この本の作成に力をくれたすべての人に深く感謝申し上げる。

２０１９年８月１日

年譜

文政3（1820）年　小倉ノブ（当時56歳）、「居倉御所」柿を現小倉家の屋敷東方に植える。

天保2（1831）年　福冨仙蔵（後の福嶌青柴、才治の父）生まれる。

元治2（1865）年　3月25日福嶌青柴、阿さの夫婦に長男才治生まれる。

明治14（1881）年　福嶌才治岐阜病院の実習生になる。

明治15（1882）年ごろ　才治健康を害し医師を断念。帰郷。

明治16（1883）年　12月2日青柴52才で隠居。才治家督相続し骨董商を継ぐ。

明治17（1884）年　小倉長蔵所有の「居倉御所」柿の枝で接ぎ木し研究が始まる。以後個体選抜を繰り返し育成。

明治25（1892）年　品評会で才治の「居倉御所」柿が一等賞獲得。

明治26（1893）年　美江寺の馬渕久雄（初代）苗木販売創業。

明治28（1895）年　才治31才で不破郡長松村（現大垣市）富田実誠（立源寺住職）の2女みさをと結婚。

明治31（1898）年　川崎尋常小学校校長久世亀吉に諮り、「富有」柿と命名。岐阜県農会主催の品評会で1等賞受賞。

　明治32年の岐阜県農会雑誌82号では「1等賞御所柿本巣郡川崎村福嶌才治」と記されている。

明治35（1902）年　関西府県連合共進会で才治の富有柿が1等賞受賞。審査長の国立興津園芸試験場長の恩田鐵彌から激賞され広く紹介される。

明治37（1904）年　才治は川崎村農会を経て皇室に「富有」柿を献上。

明治38（1905）年　林富有農園創業
明治40（1907）年　郡府の松尾勝次郎、才治から富有柿20本を求め栽植。

明治41（1908）年　郡府の松尾松太郎、才治から富有柿50本を求め栽植。

　～大正　才治苗木生産と富有柿の宣伝普及に始める。小倉初衛も富有柿原木の枝を穂木として頒布。

明治43（1910）年　大日本農会報３４３号に矢崎亥八「美濃の國の富有柿に就て」を寄稿。

大日本農会報３４４号「美濃の國の富有柿に就て」（承前）。

大正元（1912）年　大日本農会報３５４号に「果樹の優良なる品種に就て」恩田鐵彌の論稿。

全国園芸共進会（東京）で松尾勝次郎の富有柿1等賞。審査長恩田鐵彌。恩田鐵彌『実験柿栗栽培法』発行。

大正8（1919）年　福嶌才治逝去55才。

大正10（1921）年　台風により富有柿の原木は倒伏損傷。初衛修復する。

大正12（1923）年　本巣郡富有柿販売組合結成。

大正14（1925）年　富有柿原木を保存するため現在地に移植し標識設置。

昭和2（1927）年　本巣郡農会が富有柿の販売斡旋。

「林富有農園」初代園主林虎吉『最新富有柿栽培法作業暦』を発行。近隣農民に富有柿の栽培を勧める。

昭和3（1928）年　昭和天皇即位式に大嘗祭の供物として、富有柿15個籠盛りを郡府の松尾松太郎献上。

大正時代から昭和15（1940）年ごろ　富有柿の栽培面積飛躍的に拡大。昭和16（1941）年～昭和25（1950）年太平洋戦争で食糧増産のため柿畑は水田に。

昭和26（1951）年ごろ　再び各地で富有柿の栽植始まる。

昭和30（1955）年　林正治、富有柿で農林大臣賞受賞。

昭和40（1965）年　松尾松太郎、富有柿を全国に広めた功績で黄綬褒章受章。

昭和44（1969）年　巣南地区で土地改良事業が始まり、乾田化により田畑両用可能となる。果樹広域濃密生産団地も造成され、富有柿栽培面積は一気に拡大。巣南地区で80ヘクタール。

昭和47（1972）年　「富有柿発祥の地碑」母木の隣に建立。

昭和55（1980）年　巣南町（現瑞穂市）指定天然記念物に「富有柿の母木」が指定される。

昭和57（1982）年　巣南町（現瑞穂市）柿技術研究会発足。

昭和63（1988）年　福嶌才治顕彰碑建立。

平成20（2008）年　「柿りん」誕生。ジャムなどの柿の加工販売に取り組む。

平成25（2013）年　柿ジャム全国推奨観光土産品に認定。

平成26（2014）年　「巣南柿農園」発足。

平成27（2015）年　第1回「富有柿発祥の地・みずほ感謝祭」福嶌才治さんありがとう　開催。以降、毎年実施。

令和元（2019）年　「富有柿発祥の地瑞穂市　福嶌才治さんありがとう」出版

参考文献

「大日本農会報」第３４３号「美濃の國の富有柿に就て」矢崎亥八　大日本農会事務所　１９１０年1月
「大日本農会報」第３４４号「美濃の國の富有柿に就て」矢崎亥八　大日本農会事務所　１９１０年2月
「富有柿とその原木」小倉淳一　私家版　１９７1年
大日本農会報第３５４号「果樹の優良なる品種に就て」恩田鐵彌　大日本農会事務所　１９１０年12月
『濃飛ところどころ』上島正徳　１９７７年　高橋百之
『実験柿栗栽培法』恩田鐵彌・村松春太郎　博文館　１９１２年
『巣南町史』　巣南町長岡田守　巣南町役場　１９７８年
『本巣郡史』　本巣郡教育会　１９３７年
『新編農学大辞典』カキ甘渋性　山田昌彦　養賢堂　２００４年
『新編原色果物図説』　カキ　富有柿の品種特性　山田昌彦　養賢堂　１９９６年
『現代農業』　お母さんの木　農山漁村文化協会編集部　２０００年1月号
『礼記』大学編、『中庸』
『広益国産考』　大蔵永常　現代語訳飯沼二郎　農文協　１９７８年

『岐阜の富有柿』岐阜県富有柿研究会　1956年
『ひだみの産業の系譜』　岐阜県産業史調査研究会編　1999年
『品種改良の日本史』カキ　山田昌彦　悠書館　2013年
『岐阜県統計書』　1876年〜平成28年
「瑞穂の宝もの『柿色彩々』」　瑞穂市商工会　2014年
「果樹苗木カタログ」　岐阜県果樹苗木農業協同組合　2017年
「富有園の果樹苗」　㈱富有園卸部　1958年第883号
『富有かきの由来』　第18回全国かき研究会岐阜県実行委員会　岐阜県園芸特産振興会　1981年

【制作】

瑞穂市柿振興会

会長	小寺　徹	十八条
副会長	川瀬利廣	居倉
副会長	林　仁	十八条
副会長	棚橋輝彦	生津
会計	後藤秀信	七崎
監事	新井隆夫	重里
監事	山田弘之	古橋
	酒井健詞	宮田
	高橋健太	十七条
	宇野晴美	十九条
	牧野義樹	牛牧
	澤山克治（巣南柿技術研究会会長）重里	

※代表役員のみ記載（任期2019年～2020年）

【編集委員会】

委員長	林　嘉道	十八条
委員	小寺　徹	十八条
	棚橋勝治	七崎
	西脇宗明	重里
	林喜美子	十八条

【指導・助言】

瑞穂市都市整備部商工農政観光課

今井敬潤　（学術博士、岐阜女子大学非常勤講師、大阪府立大学大学院環境科学研究科客員研究員）

富有柿発祥の地　瑞穂市
～福嶌才治さんありがとう～

※本書は2019年9月20日に同書名で瑞穂市柿振興会が刊行した私家版に資料などを追加し出版した。

発行日　2020年8月1日

発行者　株式会社岐阜新聞社
編集　株式会社岐阜新聞情報センター 出版室
印刷所　岐阜新聞高速印刷株式会社
連絡先
ぎふ農業協同組合巣南支店内「瑞穂市柿振興会」
〒501-0304　岐阜県瑞穂市田之上618-1
電話　(058) 328-7220
Fax　(058) 328-7221

株式会社岐阜新聞情報センター 出版室
電話　(058) 264-1620
Fax　(058) 264-8301